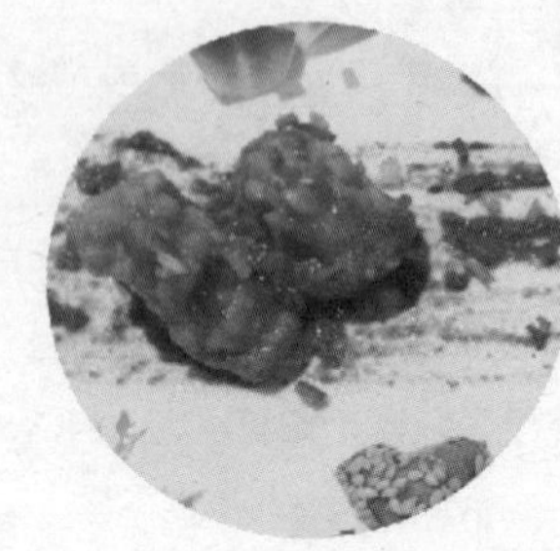

餐饮运营 实操手册

光明　邹金宏　编著　金宏机构策划

CANYIN YUNYING SHICAO SHOUCE

SPM
南方出版传媒
广东经济出版社
·广州·

图书在版编目（CIP）数据

餐饮运营实操手册 / 光明，邹金宏编著. —广州：广东经济出版社，2017. 1

ISBN 978 - 7 - 5454 - 4239 - 7

Ⅰ. ①餐… Ⅱ. ①光…②邹… Ⅲ. ①饮食业 - 经营管理 - 手册 Ⅳ. ①F719. 3 - 62

中国版本图书馆 CIP 数据核字（2015）第 243933 号

出 版 人：姚丹林
责任编辑：温键键
责任技编：谢　莹
装帧设计：李桢涛

出版发行	广东经济出版社（广州市环市东路水荫路 11 号 11 ~ 12 楼）
经销	全国新华书店
印刷	中山市国彩印刷有限公司（中山市坦洲镇彩虹路 3 号）
开本	730 毫米 × 1020 毫米　1/16
印张	12. 5
字数	224 000 字
版次	2017 年 1 月第 1 版
印次	2017 年 1 月第 1 次
印数	1 ~ 4 000
书号	ISBN 978 - 7 - 5454 - 4239 - 7
定价	29. 00 元

如发现印装质量问题，影响阅读，请与承印厂联系调换。
发行部地址：广州市环市东路水荫路 11 号 11 楼
电话：（020）38306055　37601950　邮政编码：510075
邮购地址：广州市环市东路水荫路 11 号 11 楼
电话：（020）37601980　营销网址：**http://www.gebook.com**
广东经济出版社新浪官方微博：**http://e.weibo.com/gebook**
广东经济出版社常年法律顾问：何剑桥律师

前　言

本书在编写过程中，很多资料是来自连锁餐饮公司的实操指导资料，为了保持其原本的特性与实用性，在描述时，通常是保留原文的写法。因此，你在阅读时，如果发现与公司内部文件一样的语气，请你理解！

通过大量成功企业的分析和调查，发现最后做强做大的共同特点就是，都朝着标准化、规范化发展。而此书的推出，将有益你在这方面完善的参考，将有力推动餐饮业健康持续的发展。

采用科学有效的管理可以使管理层摆脱日常行政事务，重点行使计划、组织、控制、营销等管理工作，提高产品质量、提供优质服务、加强培训和提高员工积极性，并充分发挥经营管理的主动性。使公司竞争能力增强，树立品牌，扩大市场，步入发展的快车道，发挥连锁优势。只有公司总部管理科学有效，所有操作流程化、标准化，才能很好地扩大控制的跨度，管理好更多的连锁店；只有餐厅的合理运作，才能吸引更多的顾客，提高企业知名度。

采用连锁的管理形式对经营管理人员的要求较高，特别是现场管理人员，要熟悉全面业务并具备管理知识才能胜任工作。所以本丛书以绝大部分篇幅讲述的是餐厅，包含餐厅的一切操作流程和标准。

本书共 19 章，内容从餐厅基本操作、餐厅营运管理、财务、物流、训练等餐厅模块。直接地回答了所有问题，提供了一整套的解决方案。对打造质量型，品牌型、连锁加盟型、标准化、规范化的餐饮发展模式，提供了全面而深入的指导和帮助。希望能为你打造连锁餐饮，管理好餐饮门店提供直接简单的解决方案。

最后，本书在编写过程中，借鉴了很多资料，在此对原创者致以感谢！如果一时未能知会在此致以歉意！另限于水平与时间，本书不足之处请大家多指正与谅解。

目　录

第一章　员工手册介绍

一、员工手册简介

“员工手册”是一家餐厅的基本法，基本工作指南。具体会根据不同企业的实际情况来定，因此本章只考虑摘要一些通用或者觉得较有特色的知识，大部分是简略介绍。

一般来说。连锁餐厅的手册可能会包括以下一些内容：

欢迎加入（或者引言）
第一节　认识公司及其工作环境
第二节　餐厅人事制度
第三节　行为规范
第四节　考勤制度
第五节　员工报酬和福利
第六节　您的工作
第七节　餐厅沟通
第八节　奖惩制度
第九节　餐厅安全制度
第十节　食品卫生
第十一节　结束语

二、某连锁餐饮员工手册内容示范之一：欢迎加入

欢 迎 加 入

欢迎您加入本公司餐饮服务行列，并深信您热爱公司服务工作，充分发挥您的聪慧才干。本公司餐厅以其优良之服务，独特之风格及高效之经营管理，以达到为顾客提供最完善之服务。每一位员工都应把树立企业之良好形象和声

誉作为自己为之奋斗的目标，并为此做出奉献。希望你在这里工作愉快。

为了使你来到本餐厅工作有所收益而少受困惑，我们编了这本手册，本手册说明了所有员工加入本餐厅所需遵守的工作规则及享有的福利，并向你介绍本餐厅一些必要的资料，旨在使你在新的工作岗位上犹如在家里一样亲切。餐厅经理将就您所工作的餐厅向您介绍有关规定或程序。遵循各项规定能使餐厅提高工作效率，井井有条地开展业务。大家都向着共同目标工作，大家都会受益。既然我们要在一起工作，就必须制定一些保障每个人正常工作和利益的规定。我们知道，大多数人都希望自己在一个协调、互相尊敬、卓有成效和赤诚相待的气氛中工作，本手册会帮您达到这一愿望。

读完这本手册后，你将会发现我们成功的原因所在，但我们认为没有任何因素比餐厅员工的献身和努力更为重要，我们的竞争对手有可能抄袭很多我们的秘诀，但我们对事业的自豪、热情的执着的献身精神是他们可望而不可即的，餐厅精神是我们所独有的。

有关本手册的任何问题，你可能随时与你的店长和督导、经理讨论，这种主动性是值得鼓励的。

我们知道与我们一起工作，你会愉快而且受益匪浅，欢迎你加入我们的行列，加入这个大家庭。

三、某连锁餐饮员工手册内容示范之二：餐厅沟通

案例

1. 大会。

通常餐厅每三个月召开一次全体员工大会，讨论餐厅存在的问题和接受指导工作，薪金照发。所有员工均应参加大会，如因故不能参加，须经理同意。

2. 对上沟通的方法。

虽然，我们认为餐厅是一家先进而且以善待人的餐厅，但我们知道在工作中难免会发生一些虽通过员工大会，座谈会及私下讨论后仍不能解决的工作上的问题，如果你确实感到存在此类问题，你的第一步应设法通过经理来解决，如果不能，可通过督导就此事交换意见，在维护餐厅公正的原则下，大家都会希望你这样做的。

3. 座谈会。

座谈会是一种员工与经理之间交流思想，提建议及解决问题的非正式小型会议，此种会议由经理召集部分员工，约每季召开一次，员工可以利用机会向餐厅表达自己的意见。

4. 通告栏。

餐厅内设有通告栏来张贴安全和有关工作事宜，没有经理同意，请勿张贴和取下有关通告。

5. 意见调查。

经理会经常邀请你及其他员工参加意见调查活动，你所提供的信息及与会其他员工的意见将会综合在一起，经理通过这种调查征求你对餐厅各方面意见，这将有助经理管理和达到员工的需要，调查问卷以不记名方式进行，并将问题分类讲座解决，一般一年一次。

6. 好建议。

在工作中你也许会想到一种改进工作的设想或建设性的批评，我们欢迎批评和建议，因为这对我们的成功和未来是非常重要的，请务必把建议告知店经理，餐厅不欢迎你使用匿名信的形式提建议。

7. 门户开放政策。

任何员工对此手册有任何问题，餐厅经理大门永远是打开的，您任何时候可以与他们交换意见。

四、某连锁餐饮员工手册内容示范之三：奖励制度

奖励目的：为鼓励员工敬业乐业，勤勉进取，树立良好风气，养成遵章守纪习惯，创一流服务。

奖励原则：以事实为依据，以规定为准绳，处罚与教育相结合，物质奖励与精神鼓励相统一。

1. 嘉奖名称：

■ 杰出员工（年度总公司所属各连锁分店评选）。

■ 优秀员工（每年度各分店评选）。

■ 当月最佳员工（每月各分店评选）。

2. 奖励对象：

■ 杰出员工（全公司每年度1名　各分店管理组推荐总公司审批）。

（1）在年度遵守纪律，工作表现，贡献程度的综合绩效考评中成绩突出者；

（2）对改进公司经营管理，提高服务质量有重大贡献者；

（3）对公司业务有重大发明、革新、成就显著者；

（4）对危害公司权益之事能事先如实举报，主动防止而使公司避免或减

少重大损失者；

(5) 为保护国家财产、人民及宾客生命财产，能见义勇为者；

(6) 获得社会重大荣誉者。

■ 优秀员工（各分店每年度1名　各分店管理组推荐总公司审批）。

(1) 对公司技改有重要建议，经采纳实施取得显著成效者。

(2) 对工作敬业努力，表现优异，一年内连续3个月或累计5次以上被评为月份最佳员工者。

(3) 在突发事件中奋勇抢救或指挥有方而避免或减少公司损害，做出重大贡献者。

(4) 在公司经营管理上领导有力，取得显著成果或主办业务有重大改革措施且取得实效者。

(5) 品行优良、技术超群、工作认真、克尽职守成为公司的楷模者。

(6) 其他对公司有重大贡献者。

■ 当月最佳员工（各分店每月1~3名　各分店评选总公司营运部审批）。

(1) 本职岗位工作优异，在分店当月员工评选中优胜者。

(2) 工作中起积极带头作用，团队协作有相当成效者。

(3) 遵章守纪，敬业并具创新精神者。

(4) 工作突出，受客人及同事赞誉者。

■ 单项突出员工（岗位最佳员工）（各分店每月2~5家分店评选分店经理审批）。

(1) 在单个岗位或操作程序中独立工作能力极强，与其他岗位配合良好。

(2) 对该岗位操作的改进，提出良好建议，并取得成效。

(3) 注重团队合作，助人为乐。

■ 其他员工：

(1) 受到顾客的表扬信或受到顾客的好评。

(2) 积极配合领导的工作，出色完成领导安排的任务。

(3) 对餐厅经营管理提出合理化建议并富有成效。

(4) 见义勇为，检举揭发，取得良好社会效益和经济效益。

(5) 在比赛中取得良好业绩。

3. 奖励标准：

受嘉奖员工所获休假期不与其他假期冲突，可累加使用。

4. 奖励办法：

(1) 由分店经理提出，办公室（营运部）审批、人事部备案。

(2) 凡获奖员工均由公司发给奖励证书，并张榜公布、通报各分店。

（3）奖励事宜记入员工档案。

（4）员工的奖金在发薪时发放。

5. 奖励方式：

（1）精神奖励：口头奖励、通报表扬、颁发证书等。

（2）物质奖励：现金奖励、加薪、升迁奖励、户口、住房奖励、期权、旅游、进修奖励等。

附件一：餐厅员工基本配置

A. 任何一家正常运营的餐厅每月员工发放工资的总额不能超过当月营业收入总额的8%，最多不可超过10%，否则这样就没有利润可谈，就更不能谈发展。其百分比可用公式表示为：

$$\frac{每月员工工资}{每月收入总额}\times 100\% \leqslant 80\% \pm 2\%$$

B. 可根据员工编制标准合理地利用人员。

单位：　人

人员结构 \ 营业额	10万元以下（含10）	11万元至15万元（含15）	16万元至20万元（含20）	21万元至30万元（含30）	31万元以上
餐厅经理	1	1	1	1	1
餐厅副经理	0	1	1	1 +1	1 +1
餐厅领班	2	2	2 +1	2 +1	2 +2
训练员	2	3 ±1	3 ±1	3 + 1	4 ±1
餐厅接待员	1 +1	3 ±1	4 ±1	5 ±2	5 ±2
员工	6 ±1	8 ±2	10 ±2	12 ±2	14 +2
合计	12 ±1	18 ±4	21 ±4	24 ±4	27 ±5
占工资比例标准	≤8 ±2%	≤8 ±1%	≤8 ±1%	≤7 ±1%	≤7 ±1%

说明：1. ±1为视餐厅实际情况可增加、加减的允许人数。

2. 较偏远餐厅需配备：兼职出纳1名，兼职电工1名。

3. 中餐销售量在日均50份以上配备：洗碗工1名。

4. 餐厅员工宿舍就餐人数10人以上配备：煮饭工1名（可由洗碗工兼任）

附件二：关于餐厅人员升迁流程的通知

为进一步规范餐厅人员升迁考核流程，做得公正、合理。根据餐厅现实和发展的需要，指定各岗位人员升迁考核流程：

1. 晋升训练员：由餐厅训练经理提出，餐厅经理进行考核，主要考核其

工作责任心和工作标准。报区域经理通过后直接升迁，综合管理部备案。

2. 晋升领班：餐厅经理向区域经理提出，区域经理评估后进入见习期，并报备综合管理部。见习期满，区域经理向综合管理部申请进行考核鉴定，综合管理部提供考核资料并授权区域经理进行考核。考核内容主要包括餐厅经理意见、训练鉴定、人际关系评估（员工满意度调查）、岗位操作、书面试题考核，考核后所有材料上交综合管理部，经评估后若通过方可发文升迁。

3. 晋升副经理：餐厅经理向区域经理提出，区域经理评估后进入见习期，并报备综合管理部。见习期满，区域经理向综合管理部申请进行考核鉴定，综合管理部提供考核资料并授权区域经理进行考核。考核内容主要包括餐厅经理意见、人际关系评估（员工满意度调查）、值班鉴定、物料管理评估、书面试题考核，考核后把所有材料上交综合管理部，会同仓库经理进行评估。通过后再与（副）总经理面谈，公示 7 天后如无异议方可发文转正，并重新签订岗位劳动合同。

4. 晋升餐厅经理：区域督导提出，部门会议通过后进入见习期。见习期满，区域经理向综合管理部申请进行考核鉴定，综合管理部会同区域经理进行考核。考核内容主要包括值班鉴定、人际关系评估（员工满意度调查）、餐厅经营数据分析、书面试题考核，考核通过后把所有材料上交副总经理，并与（副）总经理面谈，公示 7 天后如无异议方可发文转正，并重新签订岗位劳动合同。

5. 晋升区域督导：区域督导提出，部门会议通过后进入见习期。见习期满，由综合管理部牵头进行考核：内容主要包括区域餐厅经营状况、区域各餐厅经理意见、公司各部门经理意见，通过后再与副总经理、董事长面谈，通过后公示 7 天后如无异议方可转正，并重新签订岗位劳动合同。

6. 晋升高接：餐厅经理提出，区域督导同意后进入见习期，并报备综合管理部。见习期满，区域经理向综合管理部申请进行考核鉴定，综合管理部提供考核资料并授权区域经理进行考核。区接考核，主要包括接待员工作职责、顾客访谈、带动唱、员工调查等，考核后把所有材料上交综合管理部，经评估后若通过后方可升迁。

7. 晋升区接：区域督导提出，部门会议通过后进入见习期。见习期满，由综合管理部会同区域经理一起考核，主要包括知识考试、各餐厅接待员员工、餐厅经理调查等，通过后与（副）总经理面谈，公示 7 天后如无异议方可发文转正。

以上升迁流程应由综合管理部牵头，区域经理参与，副总经理协调，力争做到公开、公平、公正，为员工树立一个合理的竞争环境和发展机会。

附件三：餐厅人员晋升标准

一、员工转正：

转正条件：员工入职 1 ~3 个月（时间依员工工作表现灵活掌握），工作态度端正，岗位操作能基本掌握，能适应此项工作即可转正。

二、员工晋升训练员：

考核要求：凡工作半年以上，岗位操作标准达到五岗四熟，在餐厅人员配置合理情况下直接进行晋升考核。

三、晋升领班

1. 见习条件：

■ 凡训练员在本岗位工作三个月以上。

■ 岗位操作达到五岗五熟。

■ 在本岗位必须带训提升 1 ~2 名训练员即可申请进入晋升见习期考核。

2. 转正考核：（包括转正晋升表、人际关系评估、岗位操作、书面试题考试）

(1) 转正晋升表：通过以下五项要求由区域经理进行考核做出鉴定。

■ 技能操作：管理经验较一般员工良好，操作技能熟练。

■ 处事能力：理解力强，对事正确，处事能力较其他员工强。

■ 协调督导：对受训员工有耐心并常予督导与训练，有一定的沟通能力。

■ 责任心：工作责任心强能按时完成分内工作，并不断进行完善。

■ 品德言行：品行诚实、言行规矩、对公司有忠诚度。

(2) 人际关系评估：优、良、一般、差四个等级中必须达到良以上 280 分。

(3) 岗位操作：必须达到五岗五熟，即 100 分。

(4) 书面试题：理论试题共 10 题，必须要答对完整 5 题（即 50 分）以上，才能合格。

(5) 以上考核综合考评达到 350 分（应该要多于 350 分，或前面分数减少）为合格，即可转正。

四、晋升副经理

1. 见习条件：

■ 凡领班或储备干部在本岗位工作半年以上。

■ 本岗位各项工作熟练。

■ 在本岗位必须带训培养 1 ~2 名领班即可申请进入见习期。

2. 转正考核：（包括转正晋升表、人际关系评估表、值班鉴定、物料管理

评估、书面试题考试）在适当的条件下转正考核并晋升。

（1）转正晋升表：通过以下五项要求由区域经理进行考核做出鉴定。

■ 技能操作：经验丰富能举一反三，且能提供改进意见。

■ 处理能力：理解能力很强，判断事务正确，处理能力很强。

■ 协调督导：与人协调顺畅能督导部属尽力顺利完成工作任务。

■ 责任心：工作任劳任怨竭尽所能达成任务。

■ 品德言行：品德廉洁、言行诚信、对公司忠诚度高。

（2）人际关系评估：优、良、一般、差四个等级中必须达到良以上300分。

（3）值班评估表：必须达到700分以上。

（4）书面试题：理论试题达到50分以上。

（5）物料管理评估：由仓库经理抽查达到60分以上。

（6）在满足以上考核分数条件下，综合考评达到1200分为合格，即可进入下一个转正谈话和公示程序。

五、晋升店长：

1. 见习条件：

■ 凡副经理在本岗位工作满半年以上。

■ 本岗位各项工作熟练。

■ 在本岗位必须带训培养1名副经理即可申请进入见习期。

2. 转正考核：（包括转正晋升表、值班评估表、人际关系评估、餐厅经营数据分析、书面试题），在适当的条件下择优进行转正考核并晋升。

（1）转正晋升表：由区域经理通过以下八项要求给予鉴定，由综合部与区域统一 进行考核。

■ 领导能力：灵活运用部属顺利达到目标。

■ 策划能力：尚有策划能力，工作能力求改善。

■ 工作绩效：能胜任工作，效率标准高。

■ 责任心：有积极责任心，能彻底达成任务，可以交代工作。

■ 沟通协调能力：善于上下平衡协调，能主动与人合作。

■ 授权指导：灵活分配工作与权力，有效传授工作经验达成工作任务。

■ 品德言行：品德廉洁、言行诚信、对公司忠诚度高。

■ 成本意识：成本意识强烈，能积极节省，避免浪费。

（2）值班评估表：由区域经理考核必须达到800分以上。

（3）人际关系评估表：优、良、一般、差四个等级必须达到良以上350分。

(4) 书面试题：理论试题必须达到50分以上。

(6) 餐厅经营数据分析：营业额必须保持公司同比增长速度前提下得100分，每提升一个点加10分。

(7) 在满足以上考核分数条件下，综合考评达到1400分者，即可进入下一个转正谈话和公示程序。

附件四：评选中高级餐厅经理

为进一步促使各餐厅经理的发展与餐厅共同成长，给餐厅经理提供一个公正合理的发展平台。公司可以在所有的餐厅经理中开展评选中、高级餐厅经理的活动。

一、评选考核4个指标：工作年限、值班评估、营运指标、工作态度和公司制度执行情况。具体如下：

1. 值班评估（40分）：根据公司制定的值班评估表考核，评估表得分超过900分的（含900分）为满分40分；低于900分的，每少10即扣1分。

2. 营运指标（60分）：其中包括营业额（20分）、利润（20分，如加盟店没有这个指标，分数加到其他3个指标中）、劳务成本（10分）、食品成本（10分），如：

■ 营业额：今年以来平均达到或超过计划营业额的，即得满分20分；每少一个百分点即扣0.2分。

■ 利润：今年以来平均达到或超过计划利润的，即得满分20分；每少一个百分点即扣0.5分。

■ 劳务成本：今年以来平均达到或小于9%的，即得满分10分；每多一个百分点即扣2分。

■ 食品成本：今年以来平均达到或小于48%的，即得满分10分；每多一个百分点即扣2分。

3. 工作年限：个人进公司的工作年限每一年可得2分，担任经理年限每一年可得5分。

4. 工作态度和公司制度的执行情况：其中包括：

■ 接受公司处分或处罚的扣5分/次。

■ 接受过公司调动的加5分/次。

■ 对公司所有的会议纪要、公文、通知（附考评细则）全部落实的可得10分，少一项即扣2分。

■ 每月餐厅会议记录本等不按时上缴的扣2分/次。

■ 有给公司写过建议或意见的加5分/次。

■ 每月的公司通信，餐厅发表文章的，每一篇加 3 分。

■ 餐厅发生过安全事故的扣 10 分，重大事故的取消评选资格。

■ 出现员工舞弊行为的扣 10 分，严重的取消评选资格。

■ 出现顾客或员工投诉的扣 5 ~ 10 分。

■ 证照没有及时年检的扣 10 ~ 20 分。

■ 财务稽核根据误差不同扣分，按差异百分比每 1 个点扣 1 分。

■ 其他任何给公司造成损失或负面影响的，要视情况给予不同扣分，同时有好的行为公司也会给予不同加分。

5. 有以下情形的不参与评比：

■ 营业额或利润完成率低于 80% 的。

■ 员工离职率每年高于 100% 的。

■ 有弄虚作假、损害公司利益等行为的。

■ 不服从正常工作调动的。

■ 餐厅见习经理转正后任职不足半年的。

二、以上指标在考核过程中，由行政部经理、开发部经理、财务部经理与区域部经理协同完成。

三、得分高于 140 分的即为高级餐厅经理可享受 300 元/月的级别补贴，得分高于 110 分的即为中级餐厅经理可享受 200 元/月的级别补贴，并颁发资格证书。

四、以后公司的中高级餐厅经理认证活动每年 3 月份评定一次（评定数据来源根据年度指标）；次年评比原高级经理分数如低于 120 分的、中级经理低于 100 分的各降一级；如中级经理达到 130 分可晋升为高级经理。

五、此活动的解释权和意见搜集归行政部。

附件五：餐厅优秀员工评定管理办法

一、目的：通过科学考核发现人才、使用人才，为员工提供一个竞争有序、积极向上的工作氛围，特制定本办法。

二、范围：适用于餐厅所有员工。

（一）内容：

1. 餐厅优秀员工评定标准和条件：

■ 员工入职一个月以上。

■ 至少一个岗位操作标准 100%。

■ 因操作不当产生的产品报废额不超过 30 元。

■ 纪律观念和时间观念及自我约束能力强，月内无迟到早退和请假现象发生，能主动配合加班或承担额外工作。

■ 严格按照餐厅的仪容仪表标准，无任何个人形象欠佳状况。

■ 合作能力方面：与上级和同事及各岗位之间协调工作，互相配合到位，无任何与上级或同事发生矛盾现象，无任何抱怨和牢骚。

■ 积极维护公司荣誉，在顾客中树立良好的公司形象和口碑。在顾客和员工面前无任何对餐厅负面的宣传，因工作出色得到顾客口头或书面表扬者加10分。

■ 对可能发生的意外事故能防患于未然，确保公司及财物安全者加20分。

■ 能检举揭发违反规定或损害公司利益事件者加20分。

■ 在提升营业额、品质和人员招聘等方面有特殊贡献或表现者视情况给予加分。

2. 餐厅优秀员工评定要求：

■ 严格按餐厅营业额及人员配置按比例评定。

■ 员工在工作中必须达到以上前七项标准才能有评定资格。10人以内（含10人的）评定1名；10人以上评定2名，最多不得超过3名。

3. 餐厅优秀员工评定方式：

■ 每月底召开员工大会，按标准由员工选举或自我推荐，餐厅管理组根据标准综合评定。如无自荐，则由管理组根据标准提名。

■ 候选人数超过额定名额的，管理组推荐候选人由员工投票选定。

■ 餐厅管理人员在评定优秀员工时，一定要从公平、公正的原则出发，合理激发员工工作积极性。

4. 最终解释权归综合管理部。

附件六：餐厅人员工作调动流程

各部门、餐厅：

连锁餐厅存在人员调动的特性，如出现调动工作不流畅，就会影响餐厅正常营运，为体现加盟连锁优势，需制定餐厅人员（包括管理人员及计时员工）工作调动流程：

■ 同一区域人员调动：由餐厅经理提出，区域督导协调后，报人事部备案。

■ 跨区域人员调动：由餐厅经理提出，区域督导之间相互协调同意后，报人事部发文调动。

■ 餐厅经理调动由区域经理提出，公司发文调动。

■ 若属于公司统一安排的，先由人事部提出，通过与区域沟通后，由区域

督导与餐厅相关人员（店长和当事人）沟通，将结果在3个工作日后反馈给人事部，由人事部发文调动。

■ 作为调出餐厅、接受餐厅及调动人员，原则上都要服从公司统一安排。

■ 凡人员调动，若无遵照以上流程的，视无效并追究相关人员责任。

■ 人事部将配合区域督导合理配置餐厅人员，作为调动人员，必须服从公司调动安排，并在规定的时间内及时报到，该项工作作为调动人员升迁考核内容之一。

■ 凡是餐厅关键员工（包括管理层、出纳、接待员、训练员以及年满1年以上的员工等）的工作调动必须由区域经理书面提出，上报公司行政部，行政部同意审批后方可调动。否则调动无效，擅自调动者需承担相应的责任。

附件七：员工聘用管理办法

一、目的：为规范员工的聘用，以利于人力资源的开发，特制定本办法。

二、范围：公司内所有员工的聘用。

三、内容：

（1）试用期。

■ 凡被录用的员工，均须经过为期1~3个月之试用期，公司将根据员工在试用期内的表现，酌情延长或缩短试用期。试用期由该员工上班第一天起计算。

■ 试用人员经试用合格后，可转为正式员工，根据其工作能力和岗位重新确定职位，享受正式员工的各种待遇。

■ 员工转正后，试用期计入工龄，试用不合格者，由部门或主管决定可延长其试用期或决定不予聘用，延长期不得超过1个月。

（2）公司招聘分管理人员与员工。

■ 餐厅管理人员及公司人员（含仓库）由综合管理部统一招聘、面试、甄选。餐厅副经理以上，公司人员，仓库重要人员（如司机、仓管等）需经副总以上面试核准，经录用后由综合管理部统一安排上班。

■ 餐厅员工招聘，由公司综合管理部统一授权委托餐厅自行招聘，餐厅员工介绍同乡、同学、朋友需经餐厅经理批准，录用后并上报综合管理部。

（3）各部门人员编制：严格按岗位配置安排人员，餐厅补充人员及公司经营发展需要时，附书面说明及所需人员的相应条件报综合管理部，经批准后由综合管理部负责招聘或委托自行招聘。

（4）录用人员必须呈交下述材料：

■ 统一按公司规定填写员工履历表。

■ 身份证复印件。

■ 两张两寸彩照。

■ 健康证。

■ 学历、职称相关印复印件。

■ 担保书。(重要岗位)

(5) 新员工经试用考核合格后，由直接主管部门填写转正表或员工写的转正申请，经上级相关部门及综合管理部考核通过后给予转正。

(6) 返职员工试用期1个月，员工须交风险抵押金500元，助理级别以上管理者1000元，分期从2~3个月工资中扣除，工作满1年后方可退回。

(7) 本办法最终解释权归综合管理部。

附件八：解聘管理办法

一、目的：为使公司员工离职有所依据，特制定本办法。

二、范围：公司所有员工。

三、内容：

(1) 本公司员工不论何种原因离职，均依本办法办理。

(2) 员工离职区分：

■ 辞职：因员工个人原因辞去工作。

■ 辞退（解雇）：受聘人因对本业务，岗位操作水平等原因，经考核不能胜任岗位要求，在规定的时间内不能完成岗位任务者，因违反国家法律和公司规章制度，无正当理由连续旷工3天以上5天以内者公司可做违纪辞退，不作任何补偿。

■ 开除：严重违反公司规章制度或有违法犯罪行为者。

■ 自动离职：员工无故旷工3日以上脱离其工作岗位视为自动离职。

(3) 辞职手续：

■ 计时员工提前15天填写辞职申请单，经餐厅经理与该员工沟通批准签字后报区域经理，区域经理确认签字后再报综合管理部，由管理部签字后方可办理辞职手续。

■ 月薪制管理人员提前30天填写辞职申请单，需经部门经理批准签字后再交综合管理部批准及副总审批后办理移交手续后，方可办理辞职手续。

■ 餐厅经理若要辞退或解聘员工，必须提前三天报区域经理至综合管理部审批，经区域及综合部调查了解情况核实后，方可辞退或解聘。

(4) 管理人员及后勤人员辞职移交手续：

■ 工作移交：原有职务上保管的文件资料（包括公司章则、相关技术保

密资料）、领用的办公用品（包括照相机、U 盘、光盘、计算器、书籍等）均应列入“移交清单”并移交指定的接替人员或有关部门，经有关部门审查后双方签字后方可生效。

■ 移交期限以 7 天内办妥，辞职单必须有主管、综合部、财务部及副总确认后签字方可结算工资。

■ 辞职人员办理移交时应由直属主管指定接替人接收，如未定接收人时应临时指定人员先行接收保管，待人选确定后再转交，辞职期限届满如无人可派时，暂由其主管自行接收。

■ 特殊岗位人员辞职要做好外联工作移交手续（如司机要核实违章记录等）。

■ 各种移交手续办妥后，由综合管理部核对考勤方可结算薪金。

（5）薪金结算：

■ 员工辞职后，综合管理部按实际出勤发给其正常工资，无其他补助费。

■ 自动离职者，不发任何薪金。

■ 辞退者，发予正常工资，另按《中华人民共和国劳动法》规定给予补助。

■ 违纪开除者，按公司规章制度处分或罚款后结算其正常工资，若有违法情节，报送公安机关处理。

（6）本办法最终解释权归综合管理部。

第二章　品质管理

国际大多数著名服务行业特别是餐饮行业的经营理念是 QSCV。Q（Quality），即品质或质量；S（Service），即服务；C（Clean），即清洁；V（Value），即价值或物有所值。其中，品质居于首位，足见其重要性。实际上，顾客的首要满意标准也是高品质的产品。关于品质管理（或品质保证、品质控制），我们将从一些有关品质的知识和实际操作中的多个方面予以阐述。

一、品质管理概念

特许连锁企业在扩大组织规模，发展加盟店，开展日常经营活动当中，无论企业的决策者、管理层、还是一般的业务操作人员，都要坚持连锁经营的基本哲学：(1) 品质第一，(2) 服务热情，(3) 清洁舒适感。从事特许连锁经营的所有人员都必须熟习其内容，认识到“品质”“服务”“清洁”六字基本哲学理念、三者缺一不可，缺哪一点都不能独立存在。

（一）定义及其重要性

其一是适合使用，其二是产品特征符合顾客的要求和无缺陷，质量的基本要素是一致性。随意是质量的大敌。

在店铺内的商品加工、进货，销售等活动中。最根本且最重要的是提供优良品质的商品，因为无论店铺多么干净，服务多么好，倘若商品本身品质差的话，则将影响店铺的销售、连锁企业的整体形象。因此，作为具有一定实力的连锁经营公司或已开展特许业务的企业，在今后的市场竞争中。必须牢牢抓住商品质量这一关，尤其在扩大连锁企业规模，扩大销售方面必须下大力气开展优良品质的商品设计、加工或采进优良品质的商品或原料，以确保店铺向消费者提供优良品质的商品。

另外，作为一个连锁企业，即使编制有优良商品规格和加工、进货的手册还不够，因为优良品质的原材料或商品到店铺后，还涉及保管环境的好坏、商品销售时间与预期的商品品质保持等问题。所以商家在原材料和商品订货、运

输、店内的验货、保管、商品的加工和销售等各种有关活动中，必须坚持不断地开展维持和稳定商品品质的活动。

（二）质量的衡量方法

1. 顾客期望与管理人员感觉之间的差距：质量标准来自顾客的期望。

2. 管理人员感觉与服务操作规范的差距：没有建立有效的操作规范来保证员工提供顾客期望的服务。

3. 产品质量标准与实际表现的差距：提供的产品没有达到标准的要求。

4. 产品实际表现与对外沟通的差距：对外宣传时承诺过高。

5. 期望的产品与使用的产品的差距：顾客期望过高。

（三）食品质量的特性

安全放心；美味可口；健康营养；使用方便；热且新鲜。

（四）质量管理的基本方法：PDCA 法

P：计划，确定方针和目标，确定活动计划。

D：执行，实地去做，实现计划中的内容。

C：检查，总结执行计划的结果，注意效果，找出问题。

A：行动，对总结检查的结果进行处理，成功的经验加以肯定并适当推广、标准化；失败的教训加以总结，以免重现，未解决的问题放到下一个 PDCA 循环。

（五）全面质量管理

1. 全面质量管理：产品质量包括对产品质量、服务质量、环境质量进行全面的考察，全方位实施，全因素的管理。

2. 全员参与的质量管理：调动企业所有人员的积极性和创造性，使每个人参加到质量管理工作中来。（1）组建 QC 小组，（2）全员把关，（3）质量教育。

3. 全过程质量管理：其范围产品质量产生、形成和实现的全过程，包括采购、运输、储藏、加工、包装、销售等整个过程的质量管理。

4. 全企业质量管理：企业各管理层次都有明确的质量管理活动内容，产品质量职能分散在企业各有关部门，形成一个有机体系。

（六）ISO 9000 与质量管理：

ISO 9000 是国际标准化组织制定的质量管理和质量保证的一系列国际标准

的简称，它主要是以标准保证质量。ISO 9000 的思想精髓是重视证据，强调过程管理与结果管理并重，说到就要做到，做到就要记录到，记录到就要有人签字；可以有失误，但要不断改进，直到顾客满意为止。

二、餐厅实行质量管理

根据公司的口号：QSCV 中品质居于首位，足见其重要性，而顾客的首要满意标准也是能提供好的产品。

（一）原材料品质保证

1. 以品质保证为首要选择点去选择供应商。

2. 进货时要检查其半成品品质，发现不符，应退货，填写退货投诉单，并请立即补货。检查从以下四个方面入手：

（1）日期；（2）外观；（3）抽查，（4）测温。

3. 进货按照先进先出原则，后进货靠里堆放，并要有一定高度限制。

4. 用料时，检查其有效期，并按先进先出原则。

（二）成品的品质保证

1. 掌握各产品的品质标。

2. 检查其机器正常情况。

3. 超过规定的保存期须扔掉，放时间卡。对于半成品有第二保质期，如生菜两小时，脱水洋葱四小时，牛肉饼两小时（常温下）。

4. 对于成品，品管要进行检查，不对不售。

5. 用具生熟分开，避免交叉污染。

6. 每日三餐高峰前做食品安全检查。

7. 执行正确的操作程序。

8. 执行正确的消毒程序：抹布浸消毒水，双手消毒。

9. 及时过滤和换油。

1）根据炸制品口味，如有苦味。

2）油烟大。

3）油气泡小无力，呈黄色。

4）油的颜色发黑。

（三）餐厅食品安全重点

1. 正常的冷藏和冷冻库温度及空气对流。

2. 使用干净的消毒抹布和消毒粉。

3. 煎、炸炉状态良好（每半年检查一次）。

4. 每季度更换所有刷子。

5. 餐厅食品安全鉴定（每月至少一次）。

6. 餐厅食品安全每日检查。

7. 每半小时用快速消毒液消毒双手。

8. 管理部随时进行食品品质抽查。

9. 餐厅设有专门的品质保证小组，每日检查追踪有关品质安全问题。

10. 店长定期对餐厅品质小组行政工作稽核。

（四）消毒与卫生

1. 每日打烊须清洗所有用具，程序是清水—洗洁净—消毒粉—清水。

2. 后区三槽是：清洗，冲洗，消毒。

3. 抹布用消毒水浸在桶里，每 2 小时换一次。消毒喷瓶每 24 小时换一次。

4. 将干净与脏的分开放置，煎炉抹布与洗手间抹布区别开来。

5. 员工不留指甲、不留长头发、长胡须。

6. 包盘上都应垫干净的纸。

7. 员工身体健康（不带传染性病毒）。

8. 生产区员工回岗位后应消毒双手。

9. 生产区员工去洗手间后，回来上岗前要清洗和消毒双手。

10. 生产区员工手碰到头发，衣服等要消毒双手。

（五）品质保证方面的常识

1. 细菌滋生环境：食物、温度、湿度、时间。

2. 细菌适应温度：45～140°F。

3. 细菌生长周期是一周，每星期一次彻底消毒，打断细菌繁殖周期。

4. 奶昔，圣代储存温度：高于 40 度下需扔掉。

5. 冷冻库的温度（0～－10°F）。

6. 冷藏库的温度（34～38°F）。

7. 咖啡保存时间：续杯 1 小时、售买的半小时。

（六）品质保证所需要用具

1. 杀菌洗手液，即要有杀菌又可清洁。

2. 杀菌洗手液分配器。
3. 快速消毒液，能迅速消毒双手。
4. 消毒液分配器。
5. 消毒喷瓶。
6. 消毒粉。
7. 奶昔机专用消毒粉：既能消毒又能除奶垢。
8. 产品制作标准手册：配方、用料、用量、温度、时间。
9. 品质参考手册：保存期、适应温度。

（七）食品安全巡视图

第一站：员工：
1. 制服和围裙整洁。
2. 在接触食品前一定要洗手。
3. 佩戴工作帽，头发盘起来。
4. 身体健康。
5. 使用快速消毒液。

第二站：服务区：
1. 注意产品保存时间。
2. 备有干净的消毒抹布。
3. 在触摸钱后不能立即接触食品。
4. 使用消毒干洗液。
5. 奶浆储存槽的温度（34－38°F）。

第三站：卫生间：
1. 清洁并且功能正常。
2. 洗手液分配器功能正常，并且装有洗手液。
3. 烘手机功能正常并备有纸巾。
4. 员工上厕所后应洗手消毒。

第四站：后区：
1. 冷藏库34～38°F、冷冻库0～－10°F。
2. 所有货品都在有效期内使用。
3. 干货间营运物料不与食品包装等一起放。
4. 标明第二储存期的时间。
5. 冲洗、刷洗和消毒所有器皿。
6. 不能在后区水槽附近准备食品。

第五站：生产区

1. 食品不能直接放在调理台上。
2. 煎炉器具放在干净的面包盘上。
3. 备有干净的消毒抹布。
4. 洗手池功能正常。
5. 洗手液分配器功能正常并且装有洗手液。
6. 备有纸巾。

（八）用餐

管理组通过用餐时间，仔细品味食品品质，发现不对之处，立即通知值班经理和品质控制人员。

（九）投诉

顾客如对品质问题投诉的，经理应立即热情地处理，并帮顾客换上良好品质的同类产品，如还不满意，可以恳求退款。参照处理顾客投诉原则。

（十）食品不良反应

如有顾客投诉说因吃了公司产品而产生不适，值班经理应立即送医院，参照顾客意外伤害处理办法。

（十一）每日计划七项工作，将会给顾客留下深刻印象

1. 奶昔糖浆和橙汁的校准。
2. 确保橙汁缸和其他一些饮料容器的卫生。
3. 重新安排以前没有完成的维修工作。
4. 确保煎炉/炸炉滤网无阻塞，煎肉铲和刮炉铲锋利。
5. 检查奶昔及饮料处的环境卫生、情况良好、排列合理。
6. 把全部产品与标准图片比较，并进行口感检查。
7. 确保冷冻高峰温度正常。

（十二）全面质量管理

1. 将公司特许经营理念灌输给每一位员工：人人为餐厅，餐厅为人人。
2. 质量是公司赖以生存自下而上的基础。
3. 质量问题关系到公司大家庭的每一位成员。
4. 不论在哪一个岗位，都有发现质量问题并向经理报告的责任。

第三章 服务管理

如果把商品描述为“一件物品，一种器械，一样东西”，那么服务就是“一个行动，一次表演，一项努力”。餐饮服务就是通过特定的方式、方法、态度、技巧和情绪，满足顾客的物质需求、精神需求和便利需求，并进而创造顾客新的需求。在麦当劳、肯德基等众多国际著名快餐公司的经营理念 QSCV 中，服务处于第二位，虽然快餐服务比正餐服务简化了很多，但同样是非常重要的。餐饮学者邹金宏认为：服务等于成功！人的成功取决于他对父母长辈、对象、客户、社会或者国家等，乃至对大自然、天地所提供的服务。

凡有人群的地方必有服务行为，人们的生活呼唤服务！

在服务业，顾客不仅是一位消费者，尤其是一位宾客，一个人。服务是一种人际关系，人类因服务而融洽，社会因服务而和谐。没有比获得好的服务更令人愉快的了。

服务，是为他人尽力而绝不依附，并且无意于有偿无偿之争。接受了服务的人，可以以各种形式还付这种服务。至少是感谢和礼节上的表达。所以，服务的要义始终离不开热心，亲切，善意和光明正大的精神。如果不以善良相伴，则服务是形骸，感谢也形同虚设。

服务是一种为他人着想的意愿，是人生观的基点。它是一个关于人性的问题，是一个爱的领域。这种爱不同于母亲对子女的那种本能的爱，它是积极的，不一定是无偿的。服务是人世间的润滑剂，境遇和身份不同的人们要去营运一个和睦的社会，缺乏服务精神绝不可以。

接受服务又服务于人，两者缺一不可。您闭目回味一番，如果你能感到这样两部分是均衡的，那么，你就是一个聪明人。

只要人的行为是善意的和怀有感激之情的，这便已经是跨出服务的第一步了，服务不是具体物品。它的给予应该是发自内心，哪怕一点点的勉强都会渎职，会违背了服务的本义。

服务，还需要行动能力。虽然内心载着善意和亲切，却不能通过行动加以表现，不能很好地传达给对方，那么，服务便是死的。因此，健康是服务的载体。

不必去追问什么是服务，关于服务，我们只有一个结论：亲切地对待每一个人。

诚然，服务之谓，并不在于采用怎样的说法，重要的是精神——设身处地地为他人着想，只有当我们站到对方的立场上，服务行为才可以宣告成立，缺此根本，万事便是空转了。

服务就是凡事为他人着想。因此，作为服务的原则，就绝不可缺乏柔软性。

服务的本质是人与人的对话，所谓能说会道者，其实也含有善听善解的意思，而这恰是服务的一个中心点。

服务的精义在于细微之中，大处着眼，小处着手，脚踏实地是服务的根本。

美国华盛顿说："亲切而平静的语言，终将是一种最强有力的语言。它具有一种令人非接受不可的力量，有一种令人无法抗拒的优势"。轻声细语本身，就可以是良好服务的标志之一。

服务个性化及个性化服务的根本精神也在于主动精神，主动做别人所不愿做的事，此谓服务心，服务心助人丢掉茫然感，服务心是一种自然人生的标志。

微笑是服务的内容之一，微笑是自我努力的产物，微笑无价。

礼貌，也是一种服务，时时在内心保留一种谢意，宽容和热情，礼貌是对话的必要条件。

雷锋说过人的生命是有限的，但为人民服务是无限的，我要把有限的生命，投入到无限的为人民服务中去。

服务是一门科学，要运用科学方法去研究它。服务是一种哲学，一种人生观和价值观。服务是一个方法，一种具体的行为方式。

服务是一个由实践中升发出来的观念和精神。服务是要付诸实践的东西。

服务你我，享受人生，美化世界。让我们高扬服务之旗，一起开创餐饮零售服务新观念，与公司共发展！

一、概述

1. 概念：

它是以社会所认可的方法来满足顾客的需求，并通过引导，协调顾客能量的运动方向和释放途径，开展具有社会意义，经济意义的事业活动。这里所指

提供顾客便利的方式、方法、态度、技巧，情绪性服务满足顾客精神需求，创造顾客的新需求。另外有一种存在型的服务，与评价无关，属机能性服务，是硬性的，即提供便利的本身。

2. 理念：

（1）宗旨：顾客是上帝，顾客永远是对的，顾客是朋友。

（2）我们的最高政策：品质，服务，清洁的价值。只有一流的产品质量，优质的服务，整洁的卫生环境和合理的价格，才能赢得更多的顾客。

（3）服务的六大基本要素：

①品质、服务、卫生。

②细心、热心、开心。

③顾客永远第一。

④活泼、向上、热情。

⑤保持专业态度，团结一致。

⑥以质量求生存，以效率求发展。

3. 目的：

100%令顾客满意，创造令人影响深刻的消费体验。增加回头客，从而提升我们的营业额，增加利润。

4. 特征（针对情绪性服务）：

（1）不可感知性：无形性。

（2）不可分离性：生产与消费的同一性。

（3）差异性：服务质量水平变化多端，难以界定。

（4）不可储存性：生产与消费的同时发生。

（5）缺乏所有权：交易后便消失了，消费者无法“实质性”拥有。

5. 分类：

（1）按种类分有规范化服务和个性化服务两种。

（2）按层次分有普通服务→规范化服务→优质服务→人性化服务→个性化服务→超出期望的服务。

6. 作用：

（1）达成交易。

（2）带来回头客。

（3）创造新需求。

（4）产生良好口碑，增加新顾客。

（5）降低投诉率。

（6）锻炼、成长自己。

（7）树立品牌，提高企业竞争力。

二、服务程序、步骤

服务人员必须具备良好的服务态度和灵活的销售技巧，应按照服务五步骤做：

1. 微笑问候，喜迎顾客（顾客进门，店员应该放下手中的事，眼睛看着顾客，面带微笑，用柔和的眼神，带有感情的声音使用礼貌用语向顾客问候，使顾客感觉你很重视他，把他当贵宾）。

2. 根据需要和可能准确介绍我们的产品和提供的服务。

3. 引导销售，当顾客在浏览产品，拿不定主意时，可建议性地向顾客推荐一些产品，介绍产品的特色、价值，如有促销活动，也可向客人介绍并说明活动的内容、细则，促成交易。并在引导时要有促销意识，购买份量大的或组合产品，增加单次消费额。

4. 收款：

1）收银时须确认顾客的产品品名、数量。

2）每次交易必须精确，不多找少收。

3）认准假钞，谨防诈骗。

4）双手接钱、唱收唱付。

5）给客人收银单。

6）如打包带走，切记欢送客人。

7）面对顾客应微笑并保持目光接触。

5. 欢送客人：“谢谢您，欢迎下次光临!”或“请慢走，雨天小心路滑”等欢送语。

三、服务的观念与原则

1. 与其他工作相比，服务行业首要的一条就是以客为尊，必须学会如何帮助你的顾客，让顾客百分之百满意。

2. 必须牢记你站在这里，就是为了满足顾客的需要，而其他的一切则是次要的。

3. 顾客永远是对的，因为只有他才知道自己是否满意，是否得到了他所付钱的应有价值，即使偶尔有不讲理的顾客，我们也不能说其不对，与其争吵，不如尽量想办法使其满意。

4. 不满意、爱讲话的顾客不是麻烦，对我们而言是一次改正错误的机会。

5. 站在顾客的角度去看问题，看你会要求对方如何去做。

6. 当你在接待不满意的顾客时，应明白自己是在挽留一名顾客，而不是结束一次麻烦。

7. 要把每一个顾客当长期顾客，耐心、热情地接待，杜绝在接待时的任何草率。

8. 人，永远是服务活动的主体和中心。

9. 服务业需要专家和专业人员。

四、服务开始实例

1. 大门口有员工“欢迎光临××餐厅”和“先生，慢走或欢迎再次光临”。一定要微笑热情大方。

2. 如是下雨天，门口有员工专门为顾客打伞并配上塑料套。

3. 柜台服务员对走向柜台点膳的顾客大声说欢迎光临。

4. 接受点膳。

（1）诱导销售：设身处地为顾客着想，说出具体产品的名称及优点。

（2）整只还是半只。

（3）热烤还是冷食。

（4）甜椒还是辣椒。

（5）堂吃还是外带。

（6）重复所点内容（特别当产品较多，记不太清楚的情况下）。

（7）收银机键入所点内容。

（8）告之顾客款数。

5. 搜集产品。

（1）按一定顺序：奶昔—冷饮—热饮—堡—派—薯条—圣代。

（2）按一定方向放置：标志朝向顾客，薯条靠在包上。

（3）手不能碰到产品，产品也不能倒出本餐架。

（4）切记柜台一定要小跑步，以加快服务速度。

（5）缩短走动路线，争取一次拿几份产品。

（6）注意沟通：需要什么产品，已拿走什么产品，特别是特殊点膳。

（7）注意保持产品原形，得体包装。

（8）保质保量：产品在保存期内，薯条要满盒满袋。

（9）配好纸巾、调料。

6. 呈递产品：

（1）双手把产品递给顾客，并说：“先生，这是您所点的产品，请看是否正确并再次报价”。

(2) 如果有误，请立即改正，不需与顾客论理。

(3) 如果要改请立即满足，如有影响成本时，可稍微与顾客解释一下，万一不行，还得满足。

7. 收款：

(1) 双方接款，并说出面值。

(2) 验钞。

(3) 入机，打开抽屉。

(4) 把大钞放入底层，关闭抽屉。

(5) 保持收银机的清洁和完好。

(6) 执行第二职责，帮助拿取产品和补货、清洁等。

(7) 不要用湿手触及键盘。

(8) 按键时要柔和、轻巧。

(9) 收银机如有问题，请立即联系主管。

8. 欢迎再次光临：

(1) 祝他用餐愉快或请慢用或欢迎下次光顾。

(2) 立即迎接下一位顾客，同样的程序。

五、服务注意事项

1. 仪容仪表：服装整齐（包括袜或鞋）不留夸张发型，长指甲和浓妆。
2. 始终注意微笑，热情大方，亲切，自然有礼貌。
3. 与顾客目光接触。
4. 柜台小跑步，精神焕发，创造积极气氛。
5. 执行第二职责：服务顾客外的延伸工作。
6. 引导销售。
7. 语言运用准确亲切、简练真挚，言辞得当，语调要温和、适度。
8. 解答要详细，让客人心中有数。
9. 保持干净卫生的环境。
10. 电话接听及时和回答满意，记录准确。

六、员工管理现金职责

1. 每个抽屉备有一定数量的零钱，由员工负责。
2. 每笔交易必须精确，不多找少收。
3. 认准假钞。
4. 不要让其他员工操作你的收银机。

5. 换零钱，捡大钞等需经过本人核对。

6. 出现退钱等请叫柜台经理。

7. 下线后跟去清点。

8. 经理将告之盈亏情况并签名。

9. 经常性的差错会导致收银员失去这一职位。

10. 收到餐券或其他促销券请叫柜台经理。

七、处理特殊服务

1. 小孩：把小孩当大人一样尊重他们。
2. 老人：帮助开门，拿餐盘等。
3. 父母带幼儿：帮助他们拿餐盘和高脚椅。
4. 特殊点膳客人：高兴地满足要求，并跟第一盘产品。
5. 残疾顾客：帮助开门，拿餐盘，扶持上座。

八、个性化的服务

服务者通过有组织、有系统、有秩序的努力，设计规划出服务的方法，再通过积极主动的行动，向顾客提供个性接待，使顾客切实感到“个性”，叫个性化规范服务，让顾客有一种“专门为我服务”的感觉。区别于可以写进服务手册的规范化服务。

1. 了解他们的名字，并直呼他们的名字。
2. 掌握他们的嗜好，并预先做他们的产品。
3. 观察顾客的潜在需求：如洗手后需要纸巾而没讲，员工主动送上一张纸巾给他擦手，再点膳。
4. 多说一句话，达成交易。

九、提供良好服务的标准

1. 提供热辣，新鲜的产品。
2. 有效快捷地处理顾客的投诉。
3. 准确——第一次就确保准确。
4. 个性化接触，象对朋友一样。
5. 提供快捷的服务。
6. 印象深刻的服务，使他感到自己很特殊，超出期望的服务。
7. 关心客人。
8. 塑造一种为我满意而特制的“气氛”。

9. 使客人在用餐中获得快乐的心情。

10. 顾客受到接待。

11. 设身处地为顾客着想。

十、服务顾客十大戒律

1. 顾客不是我们斗智和争论的对象。

2. 顾客有权享受我的所能给予的最优秀、最关注的服务。

3. 顾客有权希望我们的员工具有整齐清洁的仪表。

4. 顾客告诉我们他们的要求，我们的职责就是满足他们的要求。

5. 顾客是我们生意的一部分，不是局外人。

6. 顾客的光临是我们的荣誉，不要认为是我们给予他们恩惠。

7. 顾客的光临没有影响我们的工作而是我们工作的目的。

8. 顾客不依赖于我们，而是我们依赖他们而生存。

9. 顾客是我们工作的目标，我们永远不能阻碍这个目标。

10. 顾客不是枯燥的统计数字，而是和我们一样生机勃勃，有血有肉有情感的人。

十一、快餐厅服务的时间标准

1. 顾客等候时间：顾客加入排队行列至开始点膳时间，规定不超过 4 分钟。

2. 顾客接受服务时间：顾客接受点膳开始至欢迎再次光临时间，规定不超过 2 分钟。

十二、找出服务时间长的原因

1. 搜集事实。

1）将预估的和实际的交易次数，服务时间及观察所得的信息作为基础：如服务速度超过 4 秒，柜台有 3 人排队。

2）将搜集到的事实与餐厅目标进行比较，找出每个方面存在的机会点，而确定一个服务职能方面存在的机会点最大。

3）检查员工班表，确定每个班次是否都正确地储备了人员。

2. 分析。

1）使用人员，产品和设备清单找出问题的根本原因。

2）人员：柜台，厨房团队，品管员，薯条位员工，饮料员。

3）产品：输送槽产品，薯条，饮料，保温柜内产品，原辅料。

4）设备：炸炉，保温柜，煎炉，饮料，奶昔机，制冰机。

3. 制订计划。

1）排列优先顺序，制订正确的修正性计划。

2）找出产生瓶颈的方面。

3）采取行动打破瓶颈。

4）保持服务和生产系统的平衡。

5）检查员工班表，是否合理地配备了人员。

6）使用员工岗位安排指南。

7）采取行动杜绝再次发生。

4. 实施计划并进行评估。

1）进行改变，再次搜集事实，了解变化是否取得了预期的成效，根据需要进行调整。

2）增加饮料员和备膳员。

3）薯条安排两名员工：一个炸，一个装。

4）员工训练有素。

5）提醒顾客点膳而不让其思考。

6）补充所有货品，包括促销品。

7）柜台下方整齐有序，便于取用。

8）输送槽中备有产品。

9）备齐调味料，纸巾，避免回头索取。

10）薯条备有产品。

11）换足零钱。

12）收银机操作熟练。

13）机器设备完好。

十三、成功与持续地提高柜台的服务工作

1. 确保每个班次都配备了适当的人员，并有训练过。
2. 制定柜台目标，时间，套餐数。
3. 找出问题。
4. 采取修正行动。
5. 杜绝问题再次发生。
6. 合理安排员工。
7. 追踪服务。
8. 享受成果，把成果定期通报团队，激出积极性。

9. 爱的鼓励，创造气氛。

十四、服务策略

1. 观察柜台区：留意没有点膳就离开厅的顾客，看看他们去了哪里。

2. 计时和观察同样重要。“计时”会帮你找出最重要的因素；“观察”会告诉你应该纠正哪些方面。

3. 注意细节。

小的变化可导致大的改进。

4. 寻找模式。

查看是否有遗漏程序或系统的地方。

5. 经常使用诊断工具。

帮助找出变化后产生的新瓶颈或新问题。

6. 运用其他诊断工具协助做好服务工作。

1）分析生产区域。

2）运用楼面管理工具。

7. 衡量结果

1）服务时间报告，用秒表测量。

2）交易次数。

3）平均交易额。

8. 沟通发现的结果和采取的改善行动。

1）有助于保持改善的持久性。

2）应该迅速完成。

3）保持前进的动力。

9. 追踪。

1）将其放在首位。

2）奖励和认知。

十五、优质服务原则——亲切

亲切的服务使顾客能自在愉快地完成购物，我们的特色是自助式选购，店员与顾客接触时一定要主动热情，要有技巧，如稍有不慎就会给顾客带来不愉快的感受，造成有形或无形的损失而无法弥补。

十六、优质服务原则——微笑

微笑一下并不费力，但它却产生无穷的魅力。

受惠者成为富有，施予者并不变穷。

它转瞬即逝，却往往留下永久的回忆。

富者虽富，却无人肯抛弃；

穷者虽穷，却无人不能施予。

它带来家庭之乐，又是友谊绝妙的表示。

它可使疲劳者解乏，又可给绝望者以勇气。

如果偶尔遇到某个人，没有给你应得的微笑，

那么将你的微笑慷慨地给予他吧！

因为没有任何人比那不能施予别人微笑的人更需要它！

十七、服务的高级境界——接待

1. 接待概念：服务活动的一个个性化极强的服务形态，心中为他人着想，触动顾客的感情，唤起他们心灵的共鸣，进而满足其生理、心理、物质上的需求。

2. 接待原则：提供给顾客可靠性和真实性的服务，二是始终保持一种和谐愉快接待气氛。

十八、完成服务最终的有效手段——引导

1. 引导消费：有资料显示（美国消费周刊）45% 的顾客消费前没有明确要享用的东西或服务，36% 的人大概了解自己想吃的东西，但仍然需要指导，19% 的人则完全依靠员工的推荐。

2. 引导原则：在服务中发挥着巨大的作用，并且，它也最能体现人类服务的根本精神。引导指服务者一方将顾客的需求转换成一种适合于自己应对的方式或状态，主动促成顾客充分利用服务者一方已准备好的服务项目及内容，引导的根本原则在于它不是强制，而是促成对象的自发选择。

3. 引导活动创造这样一些条件：

■ 尊重个性。

■ 创造兴趣，引发趣味性。

■ 参与感。

■ 新的交流活动得以成立。

■ 愉快感。

■ 与时间条件和空间条件相和谐。

4. 引导的目的：引导是一种发挥服务提供者的活动，引导的最终目的是促成。

5. 引导的方式：引导不是婆婆妈妈的规劝，也不是媒婆的花言巧语，必须有其自身的特色，真实而活生生的。

6. 引导的实质：引导是一种委婉而不失坚决地拒绝。

7. 引导消费的内容：介绍产品、服务，促销、优惠等，要具体。

8. 引导消费的技巧：对于上门前来消费的客人，他们无非在选择产品种类，我们应引导他购买促销、大份的食品，激发其购买欲。对需选择商家的路人，这时我们要有说服力，要体现优势，把他们引进来。

十九、服务要领

要认识到商店内员工对顾客的表情、态度、仪表、服务等一切，都将影响顾客对商品品质的印象或感觉，而这一点往往在日常生活中被忽略了。

在日常的商店销售活动中，良好的服务有利于促进和扩大优良品质商品的形象，顾客在店内得到满足感非常关键。倘若服务差，无论怎样向顾客提供优良品质的商品，都将遭到不同程度的贬值。

店铺内向顾客提供服务的基本原则是：麻利敏捷的服务、耐心仔细的服务、愉快的服务、有亲切感的服务，微笑的服务等。这些都将成为对顾客提供的最好款待，款待顾客，如同在家中招待客人一样，以充满亲切和真诚的态度或动作接待客人。

当今世界，流通领域已到了服务竞争时代，顾客出现“物离”（对商品不那么感兴趣，表现出无所谓）现象，更加追求高质量的服务，加上提供商品服务的零售业态商店多种多样。尤其在发达国家，商品的品质已出现高品质化、同质化，购物者选择性大。因此，在服务时代，衡量今后的零售业、餐饮业、服务业等店铺经营的好坏，就要看其有无款待的服务意识。21世纪的零售业、餐饮业、服务业正在不断地由流通产业向“款待产业”方面转化。

店铺在向顾客提供服务当中，必须重视以下几种服务要素：

1. 麻利、快捷、耐心。

向顾客提供服务时，要保持经常性的麻利、快捷、耐心，拖拖拉拉的服务和粗鲁的服务，将给顾客留下“缺乏服务的基本思想或没有服务”的印象，真正的服务，应使来店顾客从具体提供服务的人身上得到快活、亲切的感觉或印象。

2. 礼仪正确和树立整体礼仪感。

礼仪正确对创造优良服务起非常重要的作用。无论企业制定多么优质的服务手册，倘若提供服务的具体入缺乏整体高水平的正确礼仪意识，就难以树立企业的整体优质服务。

整体礼仪包括：

（1）对顾客的礼仪。

对顾客的礼仪主要指向顾客提供服务时，必须集中精力注意该顾客，一边对顾客提供服务，一边与他人谈话或观望其他，都非常失礼的。店员向顾客提供服务时，要倾注所有的注意力。提供发自内心的语言、微笑以及开朗的问候。这种服务的技巧，对建立顾客与商店之间的良好关系起着非常重要的作用。

（2）对同事的礼仪。

对同事的礼仪，指不得使用让顾客听到感觉心情不快的语言和采取使顾客感到不适的态度。对同事发火，使用刺耳的语言和让人看到生气样子，都将给顾客留下不好的印象。

企业的管理者必须重视服务人员之间的礼仪要求，即：在服务人员的工作场所与服务人员向顾客提供服务的场所应该是一样的礼仪要求。

（3）对顾客的认识。

从事服务的每一个人，必须对顾客所需敏感，如带孩子的顾客、夫妻顾客等，他们作为顾客的需求是完全不同的，这时，不同的顾客期待提供不同的服务。而从事服务的人员，千万不要抱着只要按照手册规定的去做就行了的想法。服务人员要注意观察顾客的态度、心情以及所提出的问题，并即时给予帮助，提供这种手册之外的服务非常重要。但前提是服务人员必须识别顾客的类型。

（4）正确使用语言。

服务人员对客人提供服务时。一定要使用准确的语言、合适的语速和适量的声音，既不能过于追求麻利，也不能太迟钝：更不能反复几遍说不清楚。

（5）记住顾客的面孔或姓名。

在服务当中，最高的服务是记住顾客的姓名，而且在顾客来店时能以各种方式同其打招呼：“×××早晨好”！“×××，您今天想买点什么”？“×××，今天我们推出特价品×××”。向顾客提供这样的服务，会使其产生与其他顾客不同的感觉。

记住顾客的面孔或姓名。是店铺发展固定顾客应该提倡的方法之一。一般多以促销方式可获得，如：会员卡、名誉顾客、生日卡、签名方式、建立顾客名簿等，这些活动将给店铺带来意想不到的效果。

二十、顾客投诉及处理技巧

顾客投诉是顾客再次光临的机会，所以不可大意，记住原则是顾客永远是

对的，是上帝。

1. 高度重视，立即反应，认真处理。

2. 保持信心与自控。

■ 做几次深呼吸。

■ 设身处地地为顾客着想。

■ 花点时间倾听。

■ 找出顾客的真正需要。

3. 友善礼貌的对待。

4. 表示照顾，关心、同情。

5. 尊重客人，聆听投诉。调查了解，上报主管，分析心态。

6. 记录在案，积极改进。寻找潜在问题。

7. 给顾客道歉，别忘谢谢。

8. 感谢反映，引起重视。

9. 赠送小礼品。

10. 事后追踪、落实。

二十一、顾客访谈的重要性与技巧：找出“沉默的投诉”

1. 借用“道具”接近顾客。

2. 现场保持微笑，自然，眼看顾客。

3. 介绍自己，推销餐厅内外的服务。

4. 随机与顾客交谈。

5. 询问品质、服务……如何。

6. 询问并记住顾客性格、爱好、工作等。

7. 询问是否常在外用餐消费。

8. 把握时间和时机。

9. 询问其孩子及家人、朋友等。

10. 不影响客人正常用餐。

二十二、事件处理

1. 立即反应，积极处理。

2. 并报告公司相关部门。

二十三、提高顾客满意度的有效措施

实行承诺服务。

设立投诉电话。

设立顾客意见箱。

建立老顾客的跟踪回访制度。

二十四、顾客情绪引发后果

强烈不满：指责、抗议、诉苦、批评。

不满：向亲朋好友述说不满心情。

失望、灰心、厌烦、扫兴：不再光顾。

二十五、顾客投诉心理因素

1. 要求尊重的心理：高度重视、立即受理、多说好话、适当道歉。

2. 要求发泄的心理：不能辩解、默默承受，适当承认过失。

3. 要求补偿的心理：把事件了解清楚，分清责任，给以分析，晓之以理，动之以情。

二十六、顾客投诉应对策略

1. 耐心倾听。这是处理投诉的一大法宝，在顾客投诉时，我们应该有耐心并且真诚地倾听对方的意见，切勿打断对方的谈话，更不要与对方发生争吵，而且不失时机地向宾客道歉，尊重所有投诉的顾客，承认下次弥补。

2. 记录投诉要点。把顾客投诉的要点记录下来，这样不但可以使顾客的投诉速度放慢，缓和顾客激动的情绪，还可以使顾客确信我们对自己反映的问题是重视的，此外记录材料还可以解决问题的依据。

3. 对投诉的宾客表示解决。设身处地站在顾客的角度分析问题。对顾客的感受表示理解，用适当的语言去安慰顾客。如“谢谢你告诉我这件事”“对此事的发生表示遗憾”“我完全理解你的心情”等。所以应该对顾客表示理解和同情。

4. 对顾客的投诉要迅速处理。当顾客完全同意你所要采取的措施时，你就应该采取立即行动，一定不要拖延时间，耽搁时间会引起顾客的不满。

5. 以诚恳的态度向顾客道歉。无论顾客投诉动机如何，客观上都有利于我们的工作。尊重顾客意见并表示歉意，就会使顾客觉得重视他们的投诉，自己得到了尊重。

6. 勇于承担责任。对顾客的问题不要推卸责任，不要怪罪顾客，不要对顾客表示因为权限的问题，自己无能为力，同时注意不要向顾客作不切实际的承诺。

7. 把解决问题的方案和所需要的时间告诉顾客。最好让顾客自己选择解决的方案。

8. 要落实、监督、检查补偿顾客投诉的具体措施。首先要确保措施的进行，使服务水准以及服务设施均在最佳状态。其次，用电话询问顾客对解决的结果是否满意。

9. 对于自己不能解决的问题，或权限、或经验、或方式方法等原因，切忌消极对待，请立即告知上级主管取得帮助。

10. 顾客投诉对我们来说就是一次顾客再光临惠顾的机会，对于自己不太明白投诉的内容是否属实时，切忌随意说“不”。无论如何，应先热情接待，再作上述处理。

对待投诉应该有正确的态度，不能怕，更不能逃避。要从根本上解决问题，就应该抓住顾客投诉的本质，认真对待每一次投诉，认真解决好每一次投诉，让旅行社的顾客满意工作从中寻求一条腾飞之路。

二十七、顾客满意的决定因素

1. 顾客对产品和服务的预先期望，这种期望来源于顾客原先的购买经验、朋友或同事的建议、企业广告信息及承诺等。

2. 产品或服务的实际表现。

3. 产品或服务表现与顾客期望的比较。

二十八、顾客满意的五种情绪

1. 满足：产品或服务可以接受。

2. 愉快：产品或服务带给人以积极、愉快的体验。

3. 解脱：产品或服务解除人们的消极状态。

4. 新奇：产品或服务带给人新鲜和兴奋的感觉。

5. 惊奇：产品或服务带给人出乎意料的高兴。

二十九、顾客忠诚的决定因素

1. 认知忠诚：由信息直接形成，认为产品或服务优于其他产品或服务。

2. 情感忠诚：在使用产品或服务得到满意后形成的偏爱。

3. 意向忠诚：顾客向往再次购买，有重复消费的冲动。

4. 行为忠诚：意向转为行动。

三十、顾客购买成本

针对性的提供优质服务，降低其购买成本：

1. 货币成本：降低价格。
2. 时间成本：方便购买。
3. 精神成本：愉快购买。
4. 体力成本：轻松购买。

三十一、顾客宣言

我已经习惯了用好的东西，因为我讲求品质。我已经习惯享受好的服务，因为我的要求高了。我是很自我、很敏感，又骄傲的人。你们必须亲切友好地招呼我，才不会伤害我的自尊。你们要感激我，因为我买你们的产品和服务，我是你们的衣食父母。我是一个完美主义者，我花钱就要得到最好的。你们的产品或服务使我不满意，我会告诉别人，影响他们。你们有缺点，才会让我不满意，所以必须找出缺点并加以改进，否则留不住我这个顾客，甚至连我的朋友都不再向你们购买。我可不是忠心不二的顾客，其他餐厅正不断地提供更好的服务，为了留住我这位顾客，你们必须提供更好的服务。

我现在是你们的顾客，但是你们必须不断地让我相信，你们的品牌是过硬的，你们的质量是可靠的，你们的服务是最好的，选择你们是正确的，否则我会选择别的餐厅。

第四章　清洁与环境管理

餐厅是为人们提供饮食享受和精神享受的场所，所以建设一个卫生、健康、愉快的环境非常重要。清洁是保证卫生的主要手段，是餐厅日常工作的一项重要内容。清洁包括清除看得见的杂物、灰尘和杀死有害、能致病的有机物。环境建设，除了卫生要求以外，还包括通过声音、色光、湿度、绿化等手段为顾客提供一个有益于身心健康的就餐环境，为顾客获得愉悦的就餐体验做出贡献。

一、概念

1. 清洁：清除看得见的杂物和灰尘。
2. 消毒：杀死有害能致病的有机物。

二、清洁的重要性和必要性

公司是一个餐饮企业，是提供给人们用来吃的食品，所以食品和环境卫生非常重要，要给顾客一个卫生的环境，安全的食品，必须一丝不苟做好清洁工作才能保证。

仅有好的商品、好的服务，不见得就能留住顾客，还必须努力使顾客购买商品的场所和消费商品的餐饮场所内外充满清洁感。倘若店内杂乱无章，门窗、桌椅、货架脏、服务人员着装不洁。发型和化妆难看，停车场堆放垃圾等，在这种环境下提供再好的商品和服务，都不会获得好的业绩。

清洁感，并非指装修、粉刷、装饰，而是要求保持经常性地磨擦光亮、清洁状态。店内设施、装饰陈旧，就更需要其本身保持磨擦出来的光亮、整洁状态。给顾客以清洁之感。

目前，店之间的竞争对策，多采取打折销售或发行优惠券等促销手段，这只是杯水车薪，且加大成本，将会越来越不景气。而作为整治不景气店铺的最佳妙方就是治理脏乱，建立保持清洁的系统；这就需要企业的管理者懂得：店铺设计越讲究，越难以清扫，也就越脏得快。而保持清洁感的关键问题是：

一是在设计店铺时就要考虑到。

二是对店铺工作人员灌输保持店内清洁的思想和意义。

三是招聘爱干净的员工——至少把爱干净作为招聘必备的条件之一。

四是树立自觉保持清洁感的意识。

三、餐厅清洁小组

为保证餐厅的清洁做得细，餐厅特有指派一个经理，带领几个员工专门做清洁，主要是做当班经理没有或无暇顾及到的区域清洁，也指细部清洁、卫生死角。

四、清洁用具

1. 扫把，畚箕。
2. 拖把、抹布（分洗手间、厨房专用共72条），大刷子。
3. 桶、喷瓶。
4. 洗洁精，消毒粉。
5. 刮刀、毛刷。

五、清洁程序

1. 地板：扫地—拖地（洗洁精）—刷地（洗衣粉或洗洁精）。
2. 厨房用具：热水冲洗—热水洗洁精刷洗—温水消毒。
3. 地脚砖：菜瓜布泡清洁精刷—干净抹布擦。
4. 机器零件：洗洁精清洗—清水冲洗—温水消毒。
5. 油漆、胶等：用天那水、菜瓜布刷。
6. 奶昔圣代机：用能除奶垢的专用消毒粉。
7. 儿童区：用吸尘器—用抹布。

六、玻璃清洁

1. 用喷瓶在玻璃上喷洒洗洁精水。
2. 用毛刷用力在玻璃上来回刷。
3. 用刮刀从上往下一刮到底。
4. 用抹布擦干刮刀，再刮……
5. 最后检查，用餐巾纸擦干净。
6. 小面积玻璃用纸巾沾碳酸水擦。

七、卫生间六大重点

1. 消除异味：

1）抽风机，新风口。

2）放冰块。

3）喷消毒水。

2. 镜子干净、明亮。

3. 洗手液充足，分配器，干手机完好。

4. 地板，洗手池干净。

5. 小便器、马桶干净，及时冲水。

6. 卫生纸保证供应。

八、打烊：停止营业后内部清洁

1. 柜台：餐盘、奶昔、圣代机，咖啡机等。

2. 后区：负责清洗各区送来的用具。

3. 大厅：地板，桌椅、楼梯。

4. 煎区：煎炉，冰箱。

5. 炸区：炸炉，冰箱，薯条区。

6. 外围：走廊用水冲大刷子刷。

7. 玻璃：正面一楼、二楼玻璃。

九、机器保养

1. 机器维修工定期对机器检修、清洁，可安排在营业结束后，派一个员工协助完成，以提高机器有效使用，如制冰机，奶昔机等。

2. 空调的清洁：定期对空调的滤网清洁。

十、值班管理

1. 值班前检查：包括外围，大厅，地面，生产区，服务区，仓库的清洁检查，并记录代办单，派人清洁。

2. 行动：

（1）立即行动：对于自己可以解决的马上解决或授权员工。

（2）长期行动：制订一个长期清洁计划，星期一做这项，星期二做那项，值班经理负责追踪。

3. 班后总结：交接班时把未尽清洁事项交代清楚，最好把一个干净的楼

面交给下一班。

十一、随手清洁

清洁是没有止境的，随手清洁是每个人的第二工作站，只要有空，我们须做随手清洁，保证顾客满意。

十二、清洁的黄金时间

营业高峰过后，由于大家忙于接客，忽略了清洁，顾客又多，所以过后有大量清洁要做。切记，清洁不干扰顾客。

1. 员工用餐前：员工用餐前分配做完一项工作再去，员工也会乐意去做，保证提前有个清洁的环境。

2. 停止营业后：没有顾客，可以放开手脚彻底清洁。

十三、清洁物料的使用

1. 使用清洁精：1 加仑热水（135°F ~ 145°F）配一安士量（如玻璃是 1 加仑热水配 1/6 安士量）。

2. 消毒粉：1 包消毒粉加 10 加仑温水（70°F ~ 90°F）

3. 一喷瓶相当于 24 安士容量

4. 洗抹布：

1）1 包洗衣精 +1 包漂白粉 +1 包消毒粉可洗 18 ~ 20 条网状抹布或 30 ~ 40 条普通抹布。

2）洗围裙：1 包洗衣精可洗 8 ~ 10 件。

3）浸抹布：1/4 包消毒粉加 2. 5 加仑温水浸 35 ~ 40 条。

十四、清洁的考核

在以下三方面都须进行严格的清洁方面的考核：

1. 技能考核：晋升。

2. 绩效评估：加工资。

3. 楼面管理：去上课培训。

4. 每月一次的食品安全卫生鉴定。

十五、清洁的内容

1. 生产区

（1）工作站的外观。　（2）墙壁—地板—天花板。

(3) 不锈钢。　　　　(4) 中心输送槽。

(5) 餐牌与陈列品。　　(6) 车轮。

2. 大厅

(1) 桌子，座位（每天清洁4次）。　　(2) 儿童高脚椅。

(3) 墙壁—灯光—天花板—风口。　　(4) 垃圾箱。

(5) 卫生间。　　(6) 地面和踢脚砖。

(7) 调味瓶，胡椒瓶，烟灰缸。　　(8) 吸管箱。

(9) 花草。

3. 外围：

(1) 通往餐厅的道路。(2) 停车场。(3) 垃圾桶。(4) 木栅栏。(5) 标志，广告牌。(6) 建筑物外观。(7) 过道和窗户。(8) 门框。(9) 玻璃。(10) 灯箱。(11) 吸水地毯。

4. 柜台服务区：

1) 收银机。

2) 柜台。

3) 地面。

4) 饮料机。

5) 冰槽，冰铲。

6) 餐盘。

7) 杯子分发器。

5. 仓库：

1) 门帘。

2) 蒸发器。

3) 架子。

4) 地板、墙面。

6. 休息室：

1) 地面。

2) 桌面，椅子。

3) 墙面。

4) 垃圾桶，吸管箱。

5) 踢脚砖。

十六、清洁的标准

1. 地板：亮，用手去摸不留脏物。

2. 镜子：没有别的任何痕迹。

3. 玻璃：从侧面看不到手印等有任何界面状。

4. 不锈钢：从侧面看没有任何痕迹，只有一个光面，主要用抹布一擦到底，决不来回擦。

5. 马桶：看不到黄色污垢痕迹。

6. 抽油烟管，炸炉：用纸巾去擦，纸巾无变黄或变黑仍是白色。

十七、环境

1. 清洁与环境的关系：其实餐厅做到了清洁，也就首先给顾客一个清洁卫生的良好环境，但为了给顾客一个更舒适的环境，还须努力。

2. 音乐：餐厅播放一些轻音乐，声音大小以想听则有，不听则无为标准 。

3. 空调：餐厅一年四季备有空调，特别是夏天，更为重要，给顾客恰到好处的室温。夏天72°F～68°F，冬天78°F～74°F。

4. 空气：餐厅应装有回风口和新风口，餐厅的气压大于外界气压，洗手间气压小于餐厅气压，保证餐厅有新鲜，优质的空气。

5. 门口风帘：防止蝇进入餐厅。

6. 花草：餐厅在墙壁上放一些盆景，在大厅设置几块绿地。

7. 画：餐厅在墙壁四周挂上一些有档次的壁画。

8. 装修：按公司标准，给顾客一个宽敞明亮，明窗净几，脱俗典雅的气氛。

9. 报纸：餐厅备有两种近三天的报纸。

10. 内部环境：

1）员工休息室：

■ 有音箱。

■ 有空调。

■ 有桌椅。

■ 有画册。

■ 丰富趣味的海报。

■ 有录像带，电话。

■ 有餐厅一些资料。

■ 定期安排员工清洁。

2）工作环境：

公司所有工作人员无贵贱之分，大家都是餐厅的一分子，互相以大哥，大姐或名字相称，并且都用文明用语，以人为本实行管理，给员工创造一个家庭

式的良好气氛，工作的劳累在一声声的“请”和“谢谢”中化为乌有，操作的不顺在经理的耐心示范下重树信心。

3）其他环境：

■ 公司提供全方位的加薪和晋升机会，及时表彰和奖励出色的员工，从而大大提高员工工作的积极性和工作热情。

■ 公司政策的透明性和实行开门政策，为员工举办活动和生日会，使员工在公司得到的不仅仅是工资，而更是一种乐趣。

■ 公司完备的训练，使员工掌握技术，多一份生存的能力。

十八、餐厅 QSC 检查内容（每题 10 分）

品质

1. 能否提供公司总部所有品种。
2. 油制作合格。
3. 肉丸和鸡肉准备得当，服务周全。
4. 碎肉饼大小得当，分量合适，储存合理。
5. 熟食新鲜，顺序使用合理。
6. 公司面包新鲜，顺序使用合理（扒炉）。
7. 蔬菜新鲜，各种色拉、顶盘齐全。
8. 比萨准备得当，服务周全。
9. 所有的餐厅严格依照公司配方烹制。
10. 烤箱温度正常，食品香脆得当。

服务

1. 顾客进门即受欢迎。
2. 接受点菜迅速。
3. 员工采用建议式销售。
4. 对顾客重复点菜内容。
5. 8 分钟之内顾客即可享用食物。
6. 所提供的食品与顾客点菜相符。
7. 员工礼貌、和气，职业气息浓。
8. 必说“谢谢您”及其他礼貌用语。
9. 店内根据客流适当充实人员。
10. 培训员工掌握必要的产品知识。

清洁

1. 店外清洁，无垃圾杂物。
2. 门窗清洁无污痕。
3. 店堂桌椅及娱乐设施清洁无瑕。
4. 垃圾箱无满溢，无臭味。
5. 卫生间清洁，用品齐全。
6. 服务台及饮料区清洁。
7. 前工作区（包装、外带区）清洁有序。
8. 拖把及桶位置正常且洁净。
9. 员工身着整洁合体的制服，女员工有束发罩。
10. 考虑整体外观及卫生状况好。

注：70 分以下次日再检查，90 ~ 95 分，30 天检查一次，80 ~ 90 分，15 天检查一次，95 ~ 100 分，45 天检查一次。

第五章　排班系统管理

一、管理组排班系统

（一）简介

正确地安排管理组班表，是使得餐厅能达成营运目标的必要条件。因此，一份好的管理组班表，就如同一份精确的作战蓝图，它不但能协助营运顺畅，更能逐步有计划地达成餐厅的四大目标。

■ 顾客满意

管理组班表安排了适当的时间，适当的经理，作有效的楼面管理，以维持一个高水平的 QSC，提供给顾客最佳的餐饮和最愉快的用餐经验，进而达成 101% 顾客满意的目标。

■ 人员发展

管理组班表规划了管理组的训练，为人员的发展提供了一份有效率的计划，借此为培养优秀的管理人员奠定稳固的基础。

■ 利润管理

管理组班表安排了正确的人力，做正确的事情。除了有效管理餐厅营运，人力成本，并得以营运的顺畅，提升了餐厅的获利率。

■ 营业额成长

一份好的管理组班表，能让餐厅维持最佳的 QSC 及顾客满意，使得顾客愿意继续光临，这正是确保餐厅营业额稳定增长的关键因素。

（二）管理组排班要素

1. 人员

管理组（店经理、助理、领班）、接待员、出纳。

人员是构成管理组班表最基本，也是最重要的因素。因为唯有通过优秀的经理人员，才能得以达成餐厅的目标。

2. 日常营运管理：

管理组班表提供不同的班次安排以管理每天的营运。

■ 值班管理：早班 1F，晚班 2F。

■ 营运高峰或特殊状况需要增加管理人员担任服务区 \ 生产区经理），或从事训练，行政和管理等工作。

3. 每月行动计划：

每月的行动计划是实现餐厅方向性目标和阶段性目标，并兼顾顾客满意，人员发展，利润管理和营业额成长的一个重要指引。

■ 在每月安排管理组班表前，与区域督导讨论方向性目标和阶段性目标及达成目标的活动。

■ 记录目标，活动和负责的人员。

4. 例行性工作：

■ 特定日期进行——周报表，订户日，服务组班表，月报表，执行招募计划。

■ 特定日期进行——值班评估，财务稽核及各项行政工作稽核等。

5. 会议沟通日：

■ 营运会议，管理组会议，接待员会议，训练员会议，员工大会等会议的进行。

■ 餐厅经理和管理组及员工的沟通日，区域经理和管理组的沟通日。

6. 人员训练和发展：

课程和工作室的训练计划。

职能工作交叉培训。

7. 人员休假

■ 每月固定休假（以每周休息一天计算）。

■ 固定假日及公司规定的休息（例如：婚假，事假）。

■ 年假（应在年初做好计划并事先获得核准）。

■ 上月欠假日。

掌握上述影响排班的因素，乃是为了排定一份精确的班表而其最终目的就是为了达成餐厅的四大目标，即：

■ 顾客满意。

■ 人员发展。

■ 利润及管理。

■ 营业额成长。

8. 管理组排班模表见第十篇附表。

（三）管理组排班的原则

安排管理组班表时，必须权衡人员和营运的需要，满足个人的需要固然有助于管理组的士气和生产力，但是营运的需要也不能忽略。以下的原则兼顾了人员和营运的需求，使你的班表可以在两者上取得平衡。

1）管理组班表应该以周为单位，每月安排一次，至少在每月 26 日完成，月底以前公布。

2）管理组人员平均每周工作 5 日，每天工作 9 小时（含用餐 2 小时 30 分钟），每月尽量安排有一次休息在周六或周日。

3）管理组如需要在下个月某天休息，必须于当月 20～23 日期间，即排定下个月班表前提出（如 5 月 20 日希望休假，须于 4 月 20～23 日期间提出申请）最多只能有两天，由餐厅经理决定是否核准。

4）营运管理人员应视实际需求轮值各种班次。

5）年假安排依餐厅实际需求及年假计划执行。

6）餐厅经理至少每月轮值 6 次：至少有一次为假日高峰，轮打烊两次，轮早班开店两次（不包括行政工作）。

7）餐厅经理和助理应避免同一天休假，也尽量避免在同一班次。

8）班表不应该被排成打烊班后第 2 天开店班。

9）上课或参与店内以外之会议及活动应视为上班，路途时间由公司决定是否算上班。

10）行政组管理的时间安排：

■ 订货——每周一天行政工作时间，每月一天月报表处理、分析行政工作时间。

■ 排班——每周一天行政工作时间处理班表安排等。

■ 维修——每月两天行政工作时间。

■ 训练——每周一天行政工作时间。

■ 企划——每月两天行政工作时间。

注：以上行政工作时间的安排是月营业额达 50 万元以上的餐厅，且人员达到 1 名店经理 +4 名助理 +6 名领班配备的标准行政工作时间（如无特殊需要，不能作调整，且调整必须经区域督导允许）。月营业额在 50 万元以下的餐厅，根据该餐厅的营运状况和需求，需作适当的调整。

（四）管理组排班流程（方法）

1．排班资料准备：

餐厅状况分析及本月目标，本月会议计划，人员发展计划，人员休息计划，通知式考评，其他特殊事项等。

2．排班工具：

■“管理组班表”空白表格，铅笔一支，黑色水笔一支，橡皮擦一块。

■“管理组班表”空白表格。

3．班表排定：

1）资料搜集完整并明确本月工作目标。

2）班表填写。

■ 填写餐厅名称，制表人，日期。

■ 填写管理组人员，出纳，接待员的姓名，职称，辅导人。

■ 填写工作执掌（根据需要，需结合人员发展计划）。

■ 填写本月主要目标：顾客满意，营业额增长，人员发展，利润管理。

这四大目标的确定：一是根据区域督导设定的指标，二是根据餐厅状况分析，设定自我挑战的目标（这个目标是需要餐厅内所有管理人员共同完成的）。

■ 把会议计划安排到“每日”中（如训练会议，员工大会等）。

■ 把培训计划安排到“每日”中（包括公司安排的培训和餐厅安排的培训）。

■ 把通知式考评摘入“每日”中（如值班评估，行政绩核等）。

■ 把其他特殊事项摘入“每日”中（如政府部门的检查等）。

■ 按照“每日”中的需要排定工作时间（如培训计划，财务绩核等）。

■ 按照管理组排班原则排定：各行政工作时间，店经理值班时间。

■ 根据年假计划安排年假休息（如果当月有年假计划）。

■ 按正常休息计划安排人员休息。

■ 根据楼面值班需要，排定值班人员。

■ 没有排定的人员班次，根据训练或餐厅目标的需要进行排班。

■ 统计开店，打烊，休息的天数。

3）检查班表中人力安排是否合理：

■ 是否能满足营运需要（是否需要调整）。

■ 人力安排是否平衡（新老人员及生产力水平的搭配是否合理）。

■ 早晚班是否分配合理（总的晚班天数尽量能平均分配到领班和助理）。

■ 是否有不合理的项目（是否需要调整）。

4）班表交由区域督导审核并备份。每月 28 日前审核。

5）班表公布。每月 28 日 17：00 前必须公布管理组班表。

二、服务组排班系统

（一）简介

正确执行服务组排班工作，是使得餐厅正常营运的必备因素。无论人员排得过多或过少，均会对餐厅造成负面的影响。

过多的人员：会造成没有办法满足个别员工的工时需求及会因人员过多而没有办法安排适当的训练和练习机会，因而造成人员的士气低落和人员质量的下降。

过少的人员：降低餐厅的品质、服务、卫生水准、影响顾客满意度，最终导致营业额降低，同时会使离职率提高。

（二）排班负责人及职责：

负责人：排班经理应该是助理以上（含助理）的管理人员。

排班经理的职责：

准时公布班表——按照员工提供时段及工时，适当和准确地安排，按照营业额的需求，安排适当的人力。

■ 依照适当的人力需求进行排班表。

■ 人员效率的执行、追踪及回馈。

■ 按照训练计划来排定练习班表。

■ 排班资料的完整性与正确性。

（三）排班总结

当一个成功而有效的班表被完成之后，将可预期到：

1. 顾客满意及营业额的成长。

安排适当合理的人力，把最适当的人放在最适当的位置，使餐厅管理能持续，保持高水准的品质、服务及卫生，以满足顾客的需求，进而达到营业额的增长。

2. 士气。

良好的班表安排，我们的员工将会由于生活、学业及工作，两者或三者时间上良好的计划与分配而感到充实且愉快，进而提升服务员的士气，降低离职

率。我们管理组，也会由于值班时有充足的人力及各项行动计划能如期完成，而感到有成就感。

3. 利润及管理。

安排合理的人力及时间，执行餐厅各项行动计划，例如：清洁计划、训练计划、维修保养计划及营销计划，以确保计划的进行，并持续评估成果进行改进，有效地提升生产力，达到管理的功能，获得最佳利润。

（四）排班经理

1. 良好排班经理应具备的条件。

1）熟悉餐厅每位服务员的工作及训练状况。

2）对餐厅管理组的值班能力有认识。

3）熟练的楼面管理值班技巧，能持续表现出达到标准以上的楼面管理能力。

4）有周营业额，时段营业额预估的能力。

5）对餐厅每一时段的固定工作项目有深入的了解。

6）有组织与计划的能力，对餐厅每一时段的运作，能有明确的规划。

7）良好的沟通与协调能力。

8）能精确而快速地完成行政管理作业。

9）有担任训练执行经理的经验。

2. 工作责任。

1）员工上班时段与考勤资料的管理。

2）按照“岗位训练计划表”来排定训练班表。

3）对餐厅服务组薪资成本及人员效率的合理性负责。

4）班表依规定排出并准时公布。

5）服务员排班资料的正确性与完整性。

6）服务员出勤状况的沟通与督导。

7）餐厅人员需求分析计算，并提送餐厅经理核准。

8）提供服务员绩效考核之相关资料，（如出状况表等）。

9）与训练经理保持良好的沟通，以收集餐厅人员最新资料。

（五）服务组排班流程与方法

1. 排班资料准备：

■ 管理组排班表，员工班表，公司——工作时间表。

■“员工班表”详见第九篇附表。

2. 排班工具：

红色笔一支，蓝色笔一支，绿色笔一支，黑色笔一支，铅笔一支，直尺一把，涂改液一支，橡皮擦一只。

3. 班表排定：

1）营业额预估：对一周营业额进行预估。

2）工作时间表填写：星期、日期、制表人。

3）把管理组班表摘录到员工班表上，并进行标线。

■ 管理人员工作时间用实线标示，属于管理工时（不属直接工时，也不属间接工时）。

4）根据营业额预估进行人力规划，并进行标线。

■ 早班用蓝色线，晚班用红色线，训练员用绿色线。

■ 直接工时。

指直接参与营运的必需工时，用实线标示。

如：岗位操作工时，开店/打烊工时。

■ 间接工时。

指支持餐厅管理，而不直接参与营运操作的必要工时，用虚线标示。

注：间接工时的虚线上同时应标注工作内容。如：周/月清洁工时、出纳工时、接待员工时。

5）根据员工资料表及生产力状况进行人员排班。

6）检查班表中人力安排是否合理。

■ 是否能满足营运需要。

■ 人力安排是否能满足岗位操作的需要。

■ 是否能满足人员培训的需要，且不与营运冲突。

■ 是否有不合理的项目。

（六）班表审核/公布

1. 管理组班表部分的人员工作时间由店经理规划工作内容。

■ 管理组班表的时间规划应详细安排工作内容，并与管理组班表内容相吻合。

■ 班表规划的工作内容应与本月的工作目标相结合。

2. 班表上的画线使用正确的颜色，实/虚线应用正确。

3. 工作时间 4 小时以上必须要标注规划休息用餐时间；4 小时以下不用规划休息用餐时间。

■ 用餐时间规划应尽量避开营运高峰时间。

■ 如因餐厅食堂原因，必须调整食堂的供餐方式或方法，以达到全力配合营运的目的。

■ 没有任何理由足以让人们可以怠慢我们的顾客。

4. 训练班表应按照“岗位训练计划表”安排训练。

5. 服务员工作时间表的排班必须能满足营运的需要，且不浪费人力。

6. 每周六（零点）前公布下星期的整周班表。

7. 班表必须由店经理或店主管签核后方可公布。

（七）班表完成后的追踪

1. 班表现场记录正确且完整。

■ 班表上员工现场记录要完整。

■ 员工线上应清楚表示工作站安排。

2. 工时差异分析，并制订行动计划。

■ 根据餐厅状况由区域督导与店经理确定合理营运的直接/间接工时。

■ 依据营业额大小将餐厅分成三种类型：

	周营业额	直接工时	间接工时
A 类	3 万元以下	±10 小时以上	±5 小时以上
B 类	3 万~5 万	±15 小时以上	±10 小时以上
C 类	5 万元以上	±20 小时以上	±15 小时以上

注：超过此范围需制定相应的行动计划。

（八）工时发生变化的因素

1. 公休日。

2. 促销：注意过去是否促销而现在是否促销，促销增长的百分比。

3. 餐厅趋势：是否持续增减。

4. 重要的再投资项目：增加一个儿童游乐园，增长 10%，但有一个时限例如 12 个月。

5. 新产品推出。

6. 新的竞争者：也有一个时限只有 12 个月。

7. 地区建设。

8. 天气：包括过去是否因天气影响了营业额。

9. Q、S、C：每提高一个等级，营业额每月增长 1. 2 万元。

（九）排班技巧

1. 首先要根据理论和经验制定出一个排班工时指南，即生产力（在特定的时间内完成的工作量）。

2. 然后预估每小时的TC，根据生产力，确定需要的人数。

3. 人数一旦确定，在排班表上画好线，便可把员工名字逐一填上去。

4. 注意在某个时段内保证各个岗位有合适的人选。

5. 同一岗位注意生熟搭配。

6. 尽量满足员工的排班要求，满足训练组提供的训练要求。

7. 保证全职人员的工时量。

8. 每班员工工时在6~7小时之间，4小时以上可享有免费工作餐。

9. 尽量不超过工时（超时工资为1.5倍）。

（十）排班建议

1. 保持排班表的整洁。

2. 使用早晚班及训练员不同的颜色。

3. 不断更新协调本和工时指南。

4. 在重要时段增加可变工时。

5. 从需求员工最多的那天开始排班，这样其他时间就有足够的员工。

6. 制定一份替班表，请愿意加班的员工签字。

（十一）排班失误后的应变措施

值班发现人手不足时，怎么办？

1. 申请加班，延时下班。

2. 调整人员，人尽其才，一切以服务顾客为主。

3. 电话叫人上班。

4. 利用非生产工时，如财务、仓管、电工等人员。

值班发现人员富余时，怎么办？

1. 提前下班、指已上班但工作热情不足的员工。

2. 训练。

3. 电话叫人迟上班或不上班。

4. 清洁，细部清洁。

5. 促销：发赠品、传单等。

6. 公益活动：扫大街、擦洗公共设施。

三、人力资源的有效控制

人力资源的定义：是指能为企业提供劳动能力、服务意识、才能、创造力、推动力的人。

人力资源有效控制的依据：

1. 任何一家餐厅每月的员工发放工资的总额不能超过这月总的收入的 8%（注：就目前来看，由于工资上涨等因素，不一定以这个数作标准了），最多不可超过 10%，否则就没有利润可谈，更不能谈发展。其百分比可用公式表示为：

（每月员工工资 ÷ 每月收入总额）×100% ≤8（其中员工占 3%）

2. 可根据“公司”员工编制标准合理的利用人员。

营业额 人员结构	10 万元以下（含 10 万元）	11 万～20 万元	21 万～30 万元	30 万元以上
餐厅经理	1	1	1	1
餐厅副经理	0	1	1	1
餐厅领班	2	2	2	2
训练员	1	1～2	2～4	4～6
餐厅接待员	1	1～2	2～3	3 人以上
员　工	10	12	14	16
合　计	15	18～22	22～25	27～29

注：当然如遇特殊情况餐厅忙不过来时，可适当地安排加班。

第六章　物料管理

餐厅助理在管理工作中，要求负责日常的物料进出管理事务及账目的核算。

一、物料日常管理

物料日常管理：是指对于餐厅所有物品（干货和冻货）的品质、数量以及日常的保管进行管理。

(一) 半成品、成品进出分店流程

订货—进货—保管—发货—领货、制作—售前保存—销售

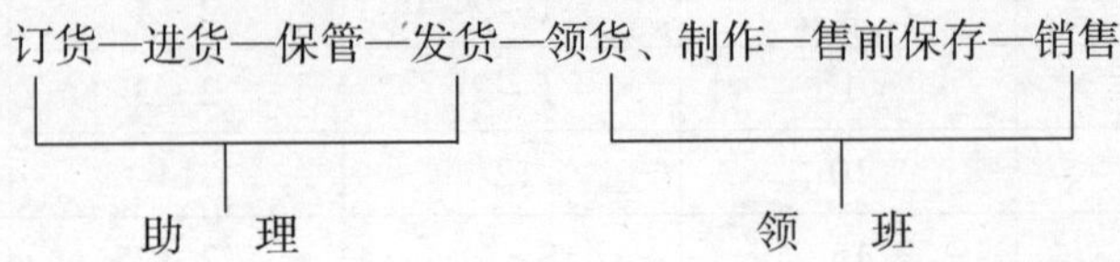

(二) 日常物料管理流程：订货→进货→保管→发货四个大点

各步骤分析：

(1) 订货。

■ 需求量。

■ 仓库容积。

■ 保质期、周转期。

■ 千元用量。

订货是指对餐厅生意进行一个预估和仓库的最大容量、预估千元用量以及货物的保质期进行一次全方位的考虑而做出所需要的产品数量的制定。

注：订货时参照后页的《千元用量（订货）参照表》

(2) 进货。

■ 验货（品质、数量）。

■ 先进先出。

■ 缩短进货时间。

■ 加快出货周转期。

进货是指由物资保障部或者由供应商根据订货申请而发来的货物。验收包括产品品名、品质、数量，是否符合公司标准和此次订货时所需要数量，如果发现产品品质不好，与餐厅经理共同确认后，报知公司营运部请求处理，并另外存放。经验收合格后放入仓库，注意先进先出顺序。

（3）保管。

保管是指由物资保障部或供应商送来的产品经验收合格后，存放于仓库备用。而其中又分为干货类和冷冻货类两种。

干货类要摆放整齐，调料品和饮料品、配料品、物料品以及中餐调料品都要分开来放（参照月份盘点表），且同类产品中液体类物品和固体类物品摆放又要有一定的距离，一般是5cm左右。

而熟食类产品和生食类产品要间隔起来存放，一般以2.5cm为准，总体来说物品的摆放要距离地面15cm、距离墙面5cm的货架上为准。

定期清扫干货间，确实做好防潮、防鼠、防火、防水四个防范工作。

而冷冻类物品要及时存于冰柜内，定期对冰柜进行化霜和清洗。

1）货类。

■ 分类、分层、合理摆放。

■ 卫生、四防（防水、防火、防潮、防鼠）。

■ 先进先出。

2）冷冻货类：先进先出、机器设备、检查品质。

注：有发现生产日期的先后顺序不同的情况，应向配送中心及时做出反馈。

（4）发货。

■ 先进先出。

■ 数量。

■ 验货。

■ 保管。

发货是指根据每天的营运情况由领班申请领货，从仓库中取出货物。这时应当注意当货品发放于餐厅而不利于货物存放时，可根据经验适当地控制。

注：当天必须明确记录进、出、存货的数字变化，做到有数必有据、账物相符、账账相符。

二、账目核算

账目核算是指餐厅对所有物料的耗用，进出货物和所销售的产品都能明确地用表格中的数据体现出来，便于总公司查账时一目了然。

1. 助理该填写的表格分为。

■“仓库账”。

■“月份物料报损表”。

■“月份销售表”。

■“月份盘点表”其他应报送的报表。

下面将四种表格的做法进行讲解：

（1）“仓库账”的具体做法如下。

每一页只能填写一种产品，“编号”指在仓库账首页的序号栏中所有产品的序号；“品名”指该产品的名称；“规格”指该产品的包装的格式，填写规格时要求黑色水笔填写，如规格有改动时方便更改。“×年×月×日”指当前的日期，具体填写可参照第6页的仓库账表。“号码”指领料单上的编号或进货单上的编号，“摘要”指该栏中一些明细、注明的地方，如：当天进货的地方、发货地点，产品规格不同等。收入“单价”栏不用填写，收入“数量”一栏则是当天进货产品的数量。“发出数量”是当天从仓库中总共发出的数量。而“结存数量”是库存量，其中可用公式表示：

当天收入数量+昨天结存数量－当天发出数量=今天的库存量

如当天没有收入数量，则公式是：

昨天结存数量－当天发出数量=今天结存数量

如当天没有发出数量，则公式是：

昨天结存数量+当天收入数量=今天结存数量

（2）“月份物料报损表”：由领班每日填写报损情况，月底由助理来统计总数。

（3）“月份销售报表”的具体做法如下。

“公司”的食品销售情况在每月月底都得进行一次总结，报知财务部，以方便财务做账和核算。

至于此报表所需要填写的仅有“销售”这一栏，其余都不用填写。销售：指每一种食品成品及营运物料在该月实际耗用的数量，统计后填入表中。

（4）“月份盘点表”的具体做法如下。

月份盘点表指当月对货物进出数量的统计及平衡情况。

1）盘点表左侧纵列标有餐厅中销售的各种产品名称及所用到的营运物品

的名称和各种物料的单位；横的一行有 5 项内容，具体明细说明如下。

■ 上月结存：指上个月月末盘点后所余留在餐厅的所有食品半成品及营运物品的数量。

■ 本月进货：指当月餐厅所进货物的数量。

■ 本月发出：指当月从仓库中领出至楼面的所有货物数量。

■ 本月结存：指当月仓库的库存量和楼面上余留下所有货物的数量。

■ 平衡情况：[1 +2 =3 +4]

最后一页的自购栏指餐厅在当地所购买的产品；所购产品的名称、单位、单价自填，横向的 5 项内容同上。

2）盘点表的填写程序。

■ 首先从上个月盘点表的本月结存栏中各种物料数量抄至本月盘点表上月结存栏中。

■ 统计本月进货数量。

■ 统计盘点表附件中的“月份销售表”“月份报损表”，再两张表加起来等于本月发出。

■ 结算盘点表平衡情况。

3）在填写盘点表时注意以下几点。

■ 盘点表分为配送中心、自购两大部分。

■ 盘点表达中金额一栏不用填写，只填数量一栏，配送中心部分的单价也不用填。

■ 在做表时两大部分如有相同的产品不可统一填写，应分开填写。

■ 对平衡情况不为零的物品，助理应查找原因。

■ 对盘点表的内容确认无误后方可交给餐厅经理审核。

■ 审核完毕后，连同附件（“月份报损表”“月份销售表”）一同送交公司财务部审核备档。

2. 物力资源的有效控制。

物力资源的有效控制可减少浪费，让经理在实际工作中有标准地控制各种易耗品，以增加餐厅的营运利润，一般可通过成本核算、千/万元用量表来分析。

（1）成本的核算。

成本的核算是让经理明白哪类产品的利润比较高，以便通知收银台，可尽量推销此种食品和做出适当的促销计划。

（2）千元用量表。

主要是针对各种没办法每天都可统计的易耗品进行一个量的统计，从表上

可以得出各种易耗品的变化，达到控制的目的，表格每个月统计一次。

举例：

品　名	单位	实际耗用	千元用量
糖　包	小包		

三、物料配送、存放规定

1. 餐厅所需物料都是由公司统一向生产厂商订购，然后餐厅根据需求量自行向公司物流部门订货的。所以，公司对物料配送、存放做出以下若干规定。

2. 物料配送在正常情况下，严格按照计划时间配送（特殊情况下，物保中心会提前通知餐厅）。

3. 物料到达餐厅或仓库时，主管物料的人员应了解物料的保质期、批号、有效的存放温度和属性，若发现异常状况迅速通知仓库和区域经理，并追究相关人员的责任。

4. 易碎、易潮、易燃的物料在搬运和存放过程中应妥善处理，若出现意外，公司将追究相关人员的责任。

5. 物料到达餐厅或仓库时，应做到先进先出的原则，避免物料长期积压，杜绝物料变质的现象。

6. 餐厅请购的物品，整体价值超过人民币 300 元的物品，需通过餐厅经理、区域经理、财务经理和总经理的审批，然后通知仓库购买。

7. 餐厅订货时，应严格把关，尽量做到不多订也不少订，减少货物的积压或断货，若出现断货现象需补货或托运，主管物料人员需书面写清断货原因，并书面通知区域经理，区域经理审批后，书面通知仓库发货。

8. 棕榈油一般情况按 100 斤/桶送到餐厅。

9. 炸制用的废油必须搜集好，并退回总仓作统一处理，严禁废油流失。

10. 成品油空桶、洗手液空桶、可乐糖浆空桶应及时退回总仓。

11. 物料退回总仓时，餐厅应在退回物料上注明餐厅名称，便于总仓统一登记、餐厅员工应协同司机妥善处理退回物料。

12. 减少低值易耗品的浪费，总仓在每月月初统计各餐厅的低值易耗品的使用量，并进行追踪，若发现异常状况，总仓通知区域经理，由区域经理追查餐厅相关人员的责任。

13. 总仓在每月月初统计各餐厅废油回收数量及成品油的发放数量，并将

结果上报财务及各区或经理审核。

四、订货

1. 订货。

根据以往经验，确认各原辅料千元用量，预估从订货日到下次进货日的营业额，算出需要量。

（1）订量 = 需要量 - 进货量 - 剩余量 + 安全存量。

（2）订货太高导致：货品过期；空间太小；浪费资金。

2. 进货。

（1）核对数量：订量 = 进量。

（2）检查品质：抽查。

■ 温度：特别是对温度敏感的食品。

■ 有效期：象生菜，奶制品有效期短的食品。

■ 箱子的密封。

■ 一致的大小形状。

■ 味道：没有异味。

■ 颜色：生菜发黄，还是青绿。

■ 组织改变。

■ 黏稠改变：橙汁，调味。

■ 缺乏新鲜度：西红柿、西兰花。

■ 物理/化学变化。

（3）搬运：先搬温度敏感产品，并注意小心搬运，不挤破，摔坏。特别是薯条、调味糖浆、调味料等。

（4）存放：按时间顺序依次存放，预先整理好库房。安全保存，预防老鼠及偷窃。

3. 进货时注意：

（1）每次要求送货以前都要有一份订货单据在手中。

（2）打开所有的箱、袋、容器等。

（3）称重。

（4）不让送货人员在店内游荡。

（5）不对你未曾见过的人的商品下订单。

（6）不让送货者在未交复送货单之前离开。

（7）不在午餐或晚餐时接受送货。

4. 使用：

（1）从前往后，从上往下，从外往里依次取用。

（2）按标准操作，保质保量，合理使用原辅料。

（3）始终坚持三心：小心、爱心、关心，不造成食品损失。

（4）注意良好沟通：协调好食品的生产。

5. 物料调拨。

（1）调出：当物料偏多或快过期，或有餐厅要借。

（2）调进：当缺货或其他餐厅剩货时。

6. 记录（收银机）。

产品名称	销售量	餐饮	促销量	损耗量	产品使用量
素包					
……					

7. 盘存

日期	期初量	进货	调拨	损耗	期末量	用量	售量	差异
1								
…								

8. 差异：盘货的目的是看是否出现差异，如出现差异则说明。

■ 应产率低。

■ 失窃。

■ 不准确报表和资料。

■ 设备校准不正确。

■ 缺乏效益或不当的训练。

■ 处理产品的程序不当。

■ 不正确生产程序。

同时根据差异找出机会点，具体见成本管理。

9. 订货注意事项：

（1）盘货全面准确。

（2）注意季节变化。

（3）注意促销活动，节假日及寒暑假。

（4）注意特殊大订餐、大活动。

（5）密切注意原辅料使用进展情况，早发现，早采取措施。

（6）力求达到上级下达目标，损耗量及借调货、缺货情况。

10. 物料成本计算。

（1）订货经理每月要计算各产品应产率，成品损耗，半成品损耗情况。

（2）计算食品成本，包装成本。

（3）计算各产品包装差异情况。

（4）计算调味品及餐饮损耗。

（5）每周总结营业情况，半成品、成品损耗情况，TC、AC、电成本及人数情况。

（6）根据差异等总结出改进计划。

11. 订货日历。

10 日	11 日订货 3000 元	12 日 3000 元	13 日 第一次进货 3200 元	14 日 3700 元	15 日 4200 元	16 日 第二次进货 5300 元
17 日 3100 元	18 日 2700 元	19 日 3100 元	20 日 下一次订货 3300 元	21 日 3850 元	22 日 TOTAL 38450 元	23 日
24 日	25 日	26 日	27 日	28 日	29 日	30 日

（1）延滞期：从订货到第一次进货之间的时间。

（2）进货周期：从第一次订货的首批进货到第二次订货的首批进货之间的时间。

（3）安全存量：保留的合理库存量，一般仅为足够一天营运所需的存货量。

（4）订货周期营业额：从订货开始到下次订货进货加预估安全存量。

（5）订货的数量：补齐式的箱数—现有的箱数—上次订货的进货量。

（6）补齐式的箱数 = 周期营业额/万元用量。

12. 千元用量的重新计算缘由。

（1）当货不足。（2）当货过剩（到货前，某种货品还有大量库存）。（3）产品损耗。（4）促销活动季节转换。

13. 营业额考虑因素。

双休日、促销、餐厅趋势、重要的再投资项目、新产品推出、新的竞争者、地区建设、天气、Q. S. C。

14. 信用。

（1）确认所订货为预算内之物。

（2）确定流动资金足够付款。

(3) 使用订货购物方法。

(4) 每一订单完成之后，有档备查。

(5) 每当发票抵达时：

■ 附上供货商的送货发票，辩认签字真伪。

■ 检查送货发票与定货发票价格，确保一致。

■ 检查供货商超供及总量。

■ 核查送货条款。

■ 核对折扣条款。

■ 明确付款日期。

■ 明确汇入适当分类账目。

■ 在各种适当支付栏内记录支出情况。

(6) 签署支票前亲自查复所有文件。

五、零星物品购买、验收、储藏

1. 购买的含义：指在生产及管理活动中购进材料、供给物品及购进材料、供给物品及服务的责任和行为。狭义来讲，购买仅指买进这一过程，但实质上这一术语包含了确定需选择供给者、达成适当价格、合同附加条件、发出订单以及事后追踪以保证按时送货。简而言之，在行使购买这一职能的过程中，必须遵循如下基本原则：

适当的质量；适当的数量；适当的时间；适当的价格；适当的货源。

(1) 购买的职能。

1) 保持公司的良好形象及与供货商的良好关系。

2) 选择和保持供货渠道。

3) 及早获知价格变动及阻碍购买的各种变化。

4) 及早交货。

5) 及早约见供货商并帮助完成第 1 ~4 条内容。

6) 审查发票，重点抽查价格及其他项目与订单不符的品种。

7) 与供货商谈判以解决拒绝供货事件。阐明劣质产品之危害及严重后果。

8) 向供货商发出由于退货而产生的债务通知及其他后果。

注：经营者必须坚持到公司指定供货商处购货并由公司进行所有的新食品、原料试验。

(2) 购买数量。

不同地区快餐店的库存量将会有不小的差异。我们要根据销售而确定的等量购买额度。必须同时考虑特殊事件、节日及季节等因素来确定库存量。

(3) 购买质量可靠的产品：

■ 产品的质量是指一个产品符合购买者及其最终消费者的需求的程度。

■ 产品质量包括但不仅限于如下几点：

尺寸（范围）	表面完美	重量	
外观	化学分析	设计	
物理性质	价格与价值之比	使用情况	可靠性

■ 质量的重要性寓于使用者的满足感。这里的使用者指直接购买者；中间处理者，或者是产品的最终消费者。

(4) 获得质量的途径。

1）精确限定各种标准要求。

2）选择具有能力和技能的供货商。

3）供需之间对于彼此的相互理解。

4）操作中适宜的质量控制措施。

(5) 选择供货商：

1）根据经验在一定时期内进行常规遴选。

2）通过有关专门公司调查推荐。

3）寻求具有一定历史、信誉良好的公司。

(6) 供需之间的相互理解。

供需之间需求者对产品质量的相互理解是建立供需之间良好关系的必要因素。这种相互理解可通过如下途径达到。

1）对供货商明确而又恰当的条件要求。

2）在供货商来访时对其进行教育沟通。

3）回顾并评估供货商对产品质量标准的遵循情况。

4）检查已经建立的渠道对出现质量问题的应变及解决能力。

(7) 广义的质量控制。

1）制造者检查和控制产品质量的组织系统及运转程序。

2）精确的购买标准。

3）厨房食物准备的现场监控。

4）对进入（仪器及其他物品）的检查和验收。

5）供货商对特定质量标准、质量教育（包括供货商代表评估）的遵循程度。

6）在出现质量问题时与供货商及时接触。

7）处理退货情况。

8）处理退货时的财务及会计制度是否健全。

（8）定价。最为通用的定价类型有：

1）不变价。这种简单的定价方式为一旦供需双方达成协议，合同有效期间商定价格不得改变。

2）交货价。实际价格由供货者在向需求者交货时才定，需求者要按供货者的索价交付。

3）批量折扣价。通常分为两种类型：

■ 一次性批量折扣。

■ 累积性批量折扣。这种折扣往往每年结算。

（9）付款条件。通常由供货者确定，分为如下两大类型：

1）对付款方式之限定。

2）对交货成本之限定。

诸如"30 天内"或"下月 10 日前"仅仅指供货商希望他的供货发票被付讫，并不对所供物品的实际价格产生影响。如有可能，要争取达成现款折扣之意向。

2. 验收。

这是购买周期的最后一个步骤，它远比平时所想象的重要。下面所有或大部分条目为完成购买活动和验收报告所必须具备的。

（1）对照供货商提供的清单核对全部货物包装及其重量。

（2）在送货者在场的情况下，观察并记录包装情况，于正式收货之前检查并记录表明野蛮装卸、运输的种种迹象。根据检查结果，确定接收质量。

（3）核对所有物件、检查装箱单据和订货合同的吻合程度。

（4）在购货单上记录超送、短缺、错件和损坏件情况。

（5）付款或处理运费单。

（6）安排对某些设备、器具的进一步检查或试验。

（7）按照要求画记号、挂标签、重新分装。

（8）适当分类。

提示：

①必做：

■ 每次要求送货之前都要有一份订货单据在手边。

■ 找开所有的箱、装、袋、容器，等等。

■ 称重。

②不做：

■ 让送货人员在店内游荡。

■ 对未曾见过之商品下签订单。

■ 让送货者在未递交送货清单之前离开。

■ 在午餐或晚餐时接受送货。

3. 库存。

加快库存周转，保持最低限度的必须库存量，以最大限度地利用库存空间和周转资金。

（1）保管指南。

■ 尽可能避免不必要的搬运。

■ 缩短运输距离。

■ 减低储存、使用中的损耗、变质及浪费。

■ 消除运输过程中的人员伤害事故。

（2）保护及安全。保护餐厅的财产安全需要在以下几个方面加倍注意：

1）通过培训使雇员熟悉所用商品。

2）定期检查，以保证购买、储藏程序被严格执行。发现问题及时纠正。

3）适当保存。

4）库房加锁。

5）对易盗窃案物品应限制接近人数，对家用物品要特别提高警惕。

6）重新分装。

7）防火装置和措施。

8）日常清洁。

9）适当照明。

10）遗失物品及时报告制度。

11）秩序、高效之环境氛围。

12）应经常与当地的卫生当局保持联系，检查那些可能存在的储存问题。

13）牢记食物是易变质且价高之物品。当通过工作获取所需要的经验时，会不自觉地被习惯而不是有效的管理所束缚。一些不够良好的但却易于滋长的习惯如：

■ 没有对真实库存足够留意。

■ 未能做好接收每周常规定货的准备。

■ 让厨房人员做所有的事情。

■ 超量订货。

以上要点如此简单明了，美国色巴公司正是依靠此秘诀取胜。食材的新鲜和食品的诱人，是吸引顾客保证生意永远成功之根本。

（3）轮转仓储。

将最早的进货放在最前面。在这样做的同时，擦净储物架。永远先用旧存

货。切记："先入先出"。收支账表将对这份辛勤劳动示以厚报。

（4）掌握顾客需求及库存变化。

留意库存及订货习惯，掌握什么已被消耗，什么依旧留在仓库里。

（5）退还货物。

与供货商就退还货物进行协商，记住建立一个"信用备忘录"。如此行事即可免付积压货物之款项，亦可免除必要的运输。

（6）减少库存。

减少库存是一个值得鼓励的正确方向，切记库存的目的是保证经营之继续。经常检查库存物品，保证有25%之库存余量。

第七章 财务管理

××西餐有限公司财务管理制度，为了进一步完善和规范财务管理，严格执行财务制度，有效提高财务运作效率，结合我公司的具体情况，特制定本制度。

一、备用金管理办法

备用金是指公司根据内部各单位业务需要而拨付的供周转使用的现金。备用金采用定额拨付，定期补充的办法管理。

（一）备用金的申请

1. 各直营店根据各自的营业规模及业务特点向主管部门提出限额申请。
2. 主管部门审核直营店申请备用金的必要性和合理性。
3. 经总经理批准后，各直营店向财务部提出备用金申请。
4. 财务部拨付备用金。
5. 直营店的主管部门是营运部。

（二）备用金的使用范围

1. 主要用于支付直营店的零星支出。
2. 按照中国人民银行相关规定，由现金支付的公司各项零星费用。
3. 对于有时间限制，虽可以以银行存款支付但若不立即支付会给公司造成损失的大额款项。
4. 备用金包括直营店备用金和公司备用金，包括直营店收银台的找零金。

（三）备用金的日常管理

1. 备用金由各直营店的出纳专人管理，未设出纳岗位的应指定专人负责管理。现金需存放于保险柜内并加密上锁，严禁现金存放在办公室抽屉里。
2. 备用金须与营业现金找零分离，严禁掺和。

3. 公司备用金设现金日记账，由出纳逐笔序时登记备用金收支，日清月结，保证账实相符。

4. 餐厅备用金每月应在会计的监督下，至少盘点一次，并制作备用金盘店表，参盘各方须在盘点表上签字确认。

（四）备用金使用纪律

财务等相关人员要严格执行有关备用金及现金的管理的规定，不得坐支现金，不得弄虚作假，虚列费用项目报销；不得化整为零，越权审批支付；不得挪用，贪污公款；任何人违反财务制度，公司按章处罚，并保留追究其法律责任的权利。

二、营业现金的管理规定

为规范营业现金管理，保证公司物流资金的安全性，提高企业经济效益，特制定本制度。

1. 各直营店营业现金需指定专人负责管理，不得与备用金混合。各直营店的现金收入主要为销售商品收入以及其他零星收入。

2. 各直营店每日应在打烊后将当日收到的营业现金收银机中的收入系统相核对，确认无误后，交由百货出纳手中，百货出纳收到的实际现金必须与直营店收银机的收入系统以及收银单相核对，确认无误后，在现金收入凭证上签名。若无百货出纳的，应在次日的 10 点前，将当日的营业款存入指定银行，并将当日的电脑收入数据及时传输给总部相关人员，并及时通知公司总出纳，以便确认，收银差错率核定为不超过千分之二，超过部分当事人应全额赔偿。

3. 各直营店所发生的废品收入，应在店长的监督下销售，并要求对方提供相应的发票，店长及经手人确认后交由百货出纳，若无百货出纳的直接存入指定银行，并及时通知公司总出纳，以便确认。

4. 收银机的操作注意事项：POS 系统的收银工作只能由当班的收银员操作，收银员对销售数据的真实性负责，若确实因某笔销售输入错误并且已打印出售单，收银员没有取消 POS 系统某笔交易的权限，需由值班经理或店长只有本人知道自己的权限口令。每天结束营业前，当班经理必须核对总营业额 POS 收银电脑是否一致。结束营业后，打印出当天的日报表一式两联，一联交财务部，一联餐厅留底备查。当实际销售情况与 POS 机系统显示不一致时，应及时填写原因，说明当天销售数据出现差异的原因，上报公司财务部。

三、费用报销管理规定

为促进公司各项工作的顺利开展，明确费用报销的标准，程序和办法，特

制定本规定。

1. 报销程序：在日常报销的情况下，报销人向财务部领取“报销单”，需要黑色水笔填写完整，正确粘贴，交部门主管，营运副总审核确认后，交财务部审核，财务部审核后报总经理批准，经批准后向财务部领取报销款。

2. 所有与财务相关的凭证，文书签名必须使用中文全名，不得使用英文拼音。

3. 所有费用必须在一周内进行核销，逾期应说明原因，不能说明原因的，不予受理。

4. 原材料，固定资产的单据须分开单独报销，粘贴在同一张报销单上的，不予受理。

5. 所有费用报销单据，报销人需在其背面注明费用的用途并签名确认，否则财务部不予受理。

6. 原始单据要保持整洁，报销时应平整地粘贴在粘贴纸上，不能完全重叠在一起粘贴，更不允许用订书机把原始单据订在报销单后面，否则不予受理报销。

7. 各项费用单据应妥善保管及时传递，防止丢失。各店应指定专人负责单据保管传输。各店当月所有核算单据需于次月 2 日中午 12 点前送达总部，超过规定期限传递的，对责任人及店主管每次处 200 元罚款。

8. 票据传递顺序：

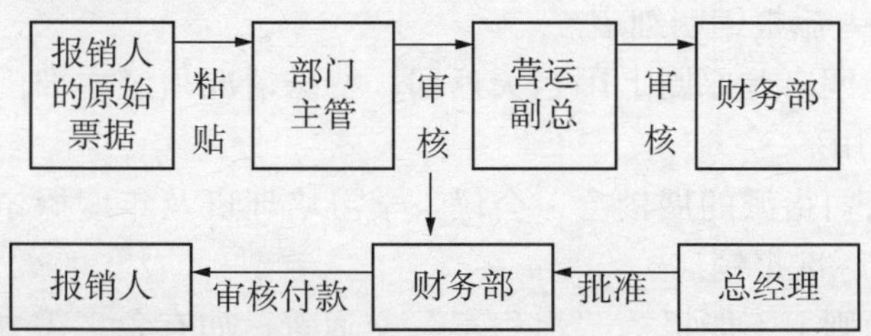

9. 相关费用的报销处理办法：

（1）交通费用：员工报销交通费用需注明时间，起点，乘坐的士，还另需在票据背面注明乘坐人，事由（从哪里到哪里，做什么事）。

（2）加班费：加班费的计算一律按公司人事制度执行，公司（含直营店）员工节假日加班费一律上报人力资源部，在下月发放工资时支付。

（3）广告费：报销时必须附相关的广告剪报。

（4）办公用品：购买办公用品必须取得合法，正式，完整的发票，若多的办公用品累计开在同一张发票上，应附购货清单。

（5）对于购买的固定资产及其他应事先申请，报销时单独粘贴并附事先的申请证明。

（6）对于有定额或预算规定的费用，必须在定额或预算的范围支出，超时定额的不予报销。

①手机费用。

②公司实行财务预算项目，将按预算管理制度执行。

四、出差管理规定

为了健全公司的管理制度，减少开支标准，降低成本费用，提高公司的经济利益，进一步调动出差人员的工作积极性，经公司研究决定对出差管理作如下规定：

（一）出差交通费报销规定

1. 为减少开支，节约费用，尽量利用通信工具联系业务，以减少出差人员的次数，如确需出差（除泉州地区外），由所在部门向分管部门的最高负责人提出申请，报批。

2. 凡公司派车出差的，一律不得报销市内交通费，如因车无法分开送达出差人员到达目的地的，其发生的市内交通费用由司机签名证实。

3. 乘坐汽车只允许以规定直线路途报销交通费，凡是因私事半途绕道，其绕道产生的交通费不能报销。

4. 出差原则上一律不乘飞机，特殊情况须经董事长特批，具体可乘坐的交通工具详见差旅报销明细表。

5. 周边地区出差原则上因当天返回，特殊情况须经本部门审批，否则不予报销相关费用。

6. 参加公司指派的展销会，会议，学习培训班及年度探亲等，其交通费按照公司出差标准报销。

7. 出差原则上不能报销“出租车”交通费，如有急事需办理，报分管领导以上人员批准后，可乘出租车，否则不予报销。

8. 出差人员不能私自请客应酬，如确需请客需报部本部批准，否则发生的应酬费自理。

9. 费用报销单据应有原始单据为依据，车费或餐费报销单据应注明日期，所行路线（起止点）办事内容及金额，餐费需由当事人签字方可生效。

10. 司机应做好登记乘坐公司车辆出差人员名单，每天统计一份上报总务，由总务上报财务部，作为报销核查的依据。

（二）出差费用开支标准的规定

1. 出差人员的伙食费，住宿费标准按规定限额内控制报销，出差天数以

公司确定为准，只为准许时间内返回，方给予结算补贴，延期需知会人事课，否则按照旷工处理，且超出费用又个人自理，特殊情况需报分管领导批准后方可执行。

2. 公司制定的报销标准为最高限额，在规定的范围内，凭有效票据实报实销，超额自负。

3. 出差地属直系亲属的，发给伙食补助，不报住宿费。

4. 出差地投宿亲友处，可按住宿级别标准的50%予以补贴，并发给伙食补贴。

5. 出差费用按公司制定标准严格控制执行，具体标准详见差旅费报销明细表，特殊情况超标需报董事长特批。

（三）出差人员报销手续的规定

1. 出差人员借款按有关审批权限办理，大额借款（指一万元以上）要提前一天向财务部联系，否则无法办理借款。

2. 出差人员回公司后，在三日必须自行向公司财务部办理报销手续，其报销手续按出差作业流程规定办理，不及时办理的，或凭证遗失等原因造成无法报销的，后果由出差人员自行负责，财务部不予受理。

3. 人员向公司借支差旅费，应当逐笔结清，采取多还少补的原则，不留余额。如果不能结清，在当月工资中扣回或分期偿还（例如情况，另行批示）。

（四）周边以外城市出差申请及费用报销作业流程

1. 呈方式向分管部门的最高负责人提出出差申请，并附出差申请单，出差人员名单，出差地点及工作安排细节，另附出差费用预估表，超出部门费用审批权限的，需报部本部批示。

2. 由分管部门主管批示，同意后填写借款单，会同签呈一并从财务部借支出差费用。

3. 出差人员需按核定申请日返回，如有延迟，需要先知会分管领导及部本部核定再予以延长。

4. 出差人员返回后，根据出差之实际费用支出填写“差旅费报销单”经审批后，至财务部冲销借支。

5. 出差申请应于出差安排二日前提交，返回后冲销借支工作应于三日内完成。

6. 出差申请一式两联，人事课与财务部各持一联备查。周遍以外城市出

差作业流程图简介：

出差人填写出差申请单→分管领导批示→部本部批示→填写借款单（附出差签呈）→出差人员返回后→填写“差旅费报销单”→财务冲销借支。

五、业务招待费管理办法

1. 业务招待费主要用于各部门对外联络时，与政府部门，合作伙伴，供应商及其企业等重要招待。

2. 业务招待，需提前报请公司总经理批准后方可招待，否则不予报销。

3. 公司本着节约和透明的原则，业务招待费用报销至少需有两个以上的经手人或当事人签字（只有一人参加招待的除外）

4. 业务招待费用报销时，需另附清单，注明时间，招待对象，参加人员，公司财务审核后将清单销毁。

5. 各部门向相关人员送礼应报经总经理批准，未经批准的不予报销。

六、存货管理规定

存货在公司流动资产中所占的比例最大，而且存放地点分散，接触此项资产的人员较多。加强存货管理，对于保护存货安全，加快周转速度，减少积压，浪费和损失，提高存货运营效率，有着重要的价值意义。

1. 公司应根据年度经营目标，市场购买状况和商品库存状况，制订年度商品采购计划，并按季，月分解。商品采购业务须履行审批手续，审批程序及采购流程按业务部门采购手册执行。采购人员应在职责范围内按审批意见办理采购业务，特殊情况下无法及时报批的，作个案处理，事后须补办审批手续，以防止盲目采购，造成积压损失。

2. 商品采购须取得供货方的发票或其他进货凭证（如送货单，发货单等由供应商开具的单据）。

3. 商品到达后须及时组织进货验收。验收人员应验明品名，数量，品种，规格，质量与发票单据或合同订单所列是否相符。如有不符，应及时记录并通知相关采购人员查明原因视不同的采购方式作相应处理。未办理入库的商品不得与已入库商品放在一起。

4. 验收合格的商品，保管人员应及时办理入库，在进货发票单据上签名确认后开商品验收入库单。在开具时，应认真细致，并注意核对单价及数量，确定准确的商品单价及数量以开具。开具后应在验收入库单上签名确认。

5. 商品验收入库蛋一式三联，一联收货人记账留存，一联交供货方，财务联连同进货发票单据以及合同订单交财务部门。财务部门按国家统一会计制

度，根据验收单及有关进货合同订单和发票单据对验收合格的商品办理入账及货款结算。月末，货到票据未到的商品，应予暂估入库。

6. 总仓的商品配送出库，应在点验无误后，输入电脑，打印商品配送出库单，告知直营店准备收货。总仓人员须在配送单上签名，以示负责。配送单一式三联，由直营店签名确认后，一联总仓记账留存，一联交直营店验收，财务联交财务部作配送账务处理。

7. 存货应定期盘点，以便掌握存货结构以及毁损，变质等情况在盘点的过程中，需在店长的监督下由仓储进行盘点，参盘人员应认真，细致，负责地做好盘点工作。核对无误的盘点数据应及时输入电脑。

七、货款支付流程

1. 货款支付日期。

货款的支付分为现结以及月结，现结是因一些供货方能给公司带来重大利益以及不可避免因素造成而需现结的款项，否则一律不允许采取现结。而月结日是指次月的 5 号、15 号、25 号，其他时间一律不给予办理。

2. 款项的支付。

配送中心采购货品，在货品验收入库后，总仓人员将验收入库单以及供货方单据一同寄往总部财务，总部财务根据其验收入单以及供货方单据做相应账目处理后，于其供货方进行账目核对，做到账目一致后，填制应付账款明细表交由采购确认，交由营运副总审批后，报部本部批准后方可付款。

八、直营店财务管理规定

1. 为加强直营店的财务工作，发挥财务在直营店经营管理和提高经济效益中的作用，保证直营店资产安全完整。

2. 直营店财务人员要加强业务学习，不断提高业务技能，保守秘密，忠于职守，做好本职工作。

3. 直营店设立会计岗位，负责管理餐厅现金。

4. 直营店财务职责：

（1）认真贯彻执行公司有关的财务管理制度。

（2）按公司规定做好财务核算，及时向公司财务汇报工作。

5. 对直营店的各种财务会计资料，如：收银单，销售日报表，销售周报表，交款凭证，账簿，缴纳凭证，重要的经济合同等合计资料，应及时搜集归类，入账或归档。未经公司批准，不得销毁。

6. 财务人员工作调动或因故离职，必须与接替人员办理交接手续没有办

清交接手续的，不得离职。

7. 会计工作职责：

（1）每日定时上缴与去当地指定银行存款。

（2）每周统计员工工时上缴店经理审核。

（3）每周统计餐厅所发生费用上报公司。

（4）对每日的营业额负责任。

（5）建立并保留餐厅营运状况记录表。

（6）核算当月餐厅人员薪资。

（7）控制好各项费用的增加，合理正规使用餐厅零用金。

8. 日常会计工作执行事项：

（1）公司物流可配送或申领的物品购买一律不做报销。

（2）开铺当班经理一次性统计当日所需购买的营运物料，尽量做到同一种物料一次性/一张单（会计做控制把关）。

（3）分析日常不正常的单据费用报销（如原本 3 天报销 1 瓶煤气，现两天报销 2 瓶煤气），会计报销做分析控制，店长审核。

（4）日常购买零星物料单据：请注明单位，数量，单价，否则不作报销。

（5）日常交通费报销：报销金额与票面值要相符（或者票面值高于报销额，但要背面要注明实报是多少金额）电脑车票报销的日期，行程与实际要相符，否则不作报销。

（6）属正常交通费报销，只按公交车车费报销；日常餐厅管理不当所产生的寄货车费一律不作报销。

（7）餐厅日常 20 元以内的单项维修费用店长审核报销；餐厅日常 20 元以上的单项维修费用申报公司营运部，否则不报；餐厅日常的维修费用需签呈上报审批的，单据在报销时必须附；本部门审批的签呈一同贴上，方可报销。

（8）餐厅会计有责任保全餐厅备用金的完整，任何人不得且无权利在备用金柜或保险柜内借取现金。

（9）餐厅会计每日必须审核各当班经理所购入的单据是否合理，若出现不合理的单据，会计当事人有权退回给其购买人，若是不能报销的单据，其购买人必须填回其相应的金额给会计。

（10）周报销：会计在做周报销时，必须在每周的星期天当天做完，保证在周二早上将报销单据送到总部，否则逾期不能报销的单据由餐厅店长和会计自行负责。

（11）店长有责任审核单据时做到任一单据的完整性，并且签名，及签上日期。

（12）餐厅会计有责任做到每日单据一审核，每周单据一报销，以便达到会计报销的准确性。

（13）餐厅会计在每月 25 日当天必须做到单据一报销，并且在次日早上 12：00前将报销单及汇款单交至总部出纳处。

（14）会计有责任做到工时每日一小计及输入电脑做统计，每周一统计及分析，以便做到工时工资的合理控制。

（15）会计有责任做到工时的真实性，及任一管理组出勤天数的真实性来核算工资。

九、财产管理规定

1. 所谓财产系指资产负债表中所列属于固定资产和低值易耗品科目者，有关事务处理均悉依照本制度规定办理。

2. 本公司财产管理系由财务部统筹管理，并委托使用单位保管，依其性质划分如下：

（1）房屋及建筑物：指公司自己购置的，产权属于公司所有的不动产。

（2）交通设备：小轿车，客货车等。

（3）事务设备：办公设备（电脑，打印机，复印机，扫描仪，传真机，收银机，电话交换机，数码相机，音响，电视机，影碟机，DVD，电脑服务器，条码阅读器，投影机，空调机等），家具设备（办公家具，办公桌椅等）和通信设备（电话，移动电话等）。

（4）低值易耗品。

3. 资本性支出与收益性支出划分标准如下：

（1）支出结果如能获得其他资料者属于资本性支出，否则应列为利益性支出。

（2）资料因扩充，换置，改良而能增加其价值或效能者，属于资本性支出，否则即为收益性支出。

（3）支出结果所获得的固定资产，其耐用年限在 2 年以上且其金额在 2000 元以下，列入低值易耗品，否则应作为收益性支出。

（4）凡为维护财产的原始使用效能所需的维护费用作为收益性支出。

4. 资产的折旧或摊销。

（1）固定资产的折旧。

固定资产的折旧采用直线法（平均年限法），并以账面价值为准，其折旧年限由公司财务部在国家财政部规定的年限范围内自行确定。对于使用年限届满的固定资产继续使用者，可以不提折旧。

（2）低值易耗品摊销：

低值易耗品采用分次摊销法，在领用后的使用月份中平均摊销。

5. 资产的购置

（1）添置资产的部门应事先提出申请，报经归口管理部门和财务部批准后方能购买（对于价值较大的资产还需报总经理批准）。

（2）新购置的资产验收后，应分清资产的性质，记入相关的办公用品登记表供备查。属于固定资产的还应立即填写“固定资产卡片”一式三份，经管理部门签章后，一份送公司财务转记入“固定资产登记卡”，一份由营运部留存，另一份由行政人事部留存。属于低值易耗品的，行政人事部，营运部应在辅助账簿记载。

6. 资产的日常管理

（1）固定资产的日常管理。

①管理部门：各部门，各直营店应对本部门，本直营店所使用的固定资产负责管理责任，保证本部门，本直营店固定资产的安全，完整，有效。部门经理，店长为本单位固定资产管理的责任人，对本单位所管理使用的财产负完全责任。

②编号：固定资产取得后，即归使用单位管理，还应按本单位固定资产的编号顺序编号。

③日常维护：各部门（直营店）必须保证本部门所使用固定资产的有效使用，对于因故障无法正常使用的固定资产因及时向有关部门报告，并为维护固定资产的正常使用采取必要的措施。

④移交：各单位固定资产保管人员发生变动时，应及时办理交接手续。

⑤盘点：公司每年至少清点一次，以确保固定资产的安全，完整。

（2）低值易耗品的日常管理。

除不用编号外，参照固定资产的日常管理方法，但必须登记低值易耗品辅助账。

7. 盘点结果：

财产盘点后应制作“财产盘点报告单”，一式三份，注明盘盈，盘亏原因，上报公司，经总经理批准后，一份作为财务账务处理的依据，一份交由行政部备查，一份营运部留存。

8. 财产转移：

当一个单位存在某项闲置财产，另一单位需用时，可以办理财产转移手续，在办理财产转移时应由移出方填写“财产转移单”，一式三份，一份行政人事部留存备查，一份营运部留存，一份作为公司进行会计核算的依据。

9. 不需用财产的处理

固定资产管理使用部门应定期对经营上无利用价值的财产予以整理，书面报告处理意见呈报总经理，经核定可以标准的应积极向外标售。

10. 固定资产的报废

（1）固定资产报废的情况：因固定资产的使用磨损无法继续使用。

（2）固定资产报废的处理：由固定资产管理使用部门提出申请并填写“固定资产报废申请单”，一式三份，注明固定资产名称，购买时间，报废原因，处理方式和残值等事项，经总经理批准后，一份送行政部存备查，一份营运部留存，一份作为账务处理依据。

11. 本公司所有财产（固定资产，低值易耗品）的有关事务处理均悉依照本制度规定处理。

十、会计档案管理规定

1. 为加强和完善会计档案管理，特制定本管理制度。

2. 公司的会计档案包括：涉及凭证（记账凭证、原始凭证）、会计账簿、会计报表、查账报告、验资报告、财务会计制度、公司与直营店之间有关财务的文书、会计人员交接清单、会计档案销毁清单以及与经营管理和投资者权益有关的其他重要文件，如合同、章程等各种会计资料。

3. 会计档案的保管：

财务部应有专人负责报关会计档案，定期将财务归档的会计资料按时间顺序立卷登记。

会计档案的保管期限为永久保存和定期保存两类。

会计档案报关期限满意需要销毁时，由会计档案管理人员提出销毁意见，经部门经理审查，总经理批准（需报有关政府机关批准的还需报有关机关批准），由会计档案管理人员编制会计档案销毁清册，销毁时应由财务部有关人员或财务部制定的人员参加，并在销毁清册上签字并盖章。

4. 会计档案的借用：

公司内部各部门若因公务需要查阅会计档案时，必须经财务经理同意，方能由档案管理人员接待查阅。

会计档案一般不得带出室外，如有特殊情况需要带出室外时，必须经财务经理同意，总经理批准并按期限归还。

5. 由于会计人员的变动或会计机构的改变等，会计档案需要转交时需办理交接手续，并由监交人、移交人、接受人签字并盖章。

小贴示：

会计档案报关期限

会计档案名称	保管期限
1. 会计凭证类	
①原始凭证	15 年
②银行存款余额调节表	3 年
2. 会计账簿类	
①日记账	15 年
其中：现金和银行存款日记账	25 年
②明细账、总账、辅助账	15 年
3. 会计报表类	
①内部管理会计报表	3 年
②月、季度会计报表	15 年
③年度会计报表	永久
4. 其他类	
①会计档案保管清册和销毁清册	25 年
②主要财务会计文件、合同、协议	永久
③公司与门店来往文书	2 年

小贴示：

存货盘点报告

报告人：＿＿＿＿＿＿＿＿ 盘点月份：20＿＿年＿＿月

（一）盘点结果：

1. 盘点依据：此次盘点以库存管理系统账面数、实物盘点库存数量方面正确数为依据

2. 盘点正确率（正确率＝实际盘点正确品项数÷实际盘点总品项数）：

①此次盘点＿＿品项＿＿＿种，实际盘点正确品项数＿＿＿种；正确率＝＿＿＿%

②此次盘点＿＿品项＿＿＿种，实际盘点正确品项数＿＿＿种；正确率＝＿＿＿%

3. 比例计算：

①配销实际库存价值（A）：＿＿＿＿元

②本月实际盘盈额（B）：＿＿＿＿元

③本月实际盘亏额（B）：＿＿＿＿元

④本月净实际盘亏（盈）额（D＝B＋C）：＿＿＿＿元

占配销实际库存价值（E＝D÷A×100%）：＿＿＿%

续表

（二）盘点结果分析：
（三）改进方法和措施：
（四）附表："存货盘盈盘亏审批表"（略）
物流经理：__________ 财务经理__________ 总经理：__________

物流中心应每月将已签字过的本报告及相关附件复制一份给总经理。

第八章　维修管理

一、什么是计划保养系统（PM）

每家餐厅都应有维护内外的相应计划，计划保养系统是餐厅整体保养计划的一部分，特别应在设备的维护方面有所帮助。

（一）PM 系统将协助你管理很多与设备养护相关的活动包括：

1. 预防性的维护保养，按照每日的时间表完成清洁和校准工作。以确保设备的正常运转，确保零部件的按时更替。

2. 基本的故障排除。当设备出现故障时，可通过几个简单的测试，找出问题并维修。

餐厅设备的状况将会影响 QSC&V、顾客服务、雇员绩效、营业额和利润等方面，设备如未得到正确的维护将：

1. 会让员工觉得沮丧。当设备运做出现故障时，员工不能很好地完成他们的工作，会产生挫折感。员工不喜欢处理顾客对以下方面的投诉：饮料口味过淡，就餐区温度过高，或因维修设备时而导致的长时间等待。当设备运作正常时，员工士气很高。这将增加你餐厅的利润。

2. 当设备出现故障时，会引起顾客的不满，影响到产品品质，延迟服务速度。当设备运作正常时，顾客可以享受到最高品质的产品和服务。

3. 危及顾客和员工。使用维护和保养不良的设备是很不安全的，并且这也会影响到食品安全。正确地维护和保养设备有助于确保顾客和员工处于安全的环境中。

4. 在维修设备和水电费上花销昂贵。在每家餐厅损益报告（P&L）中有两栏是与计划保养有关的项目：维护及修理（M&R）和水电费。维护保养：若不对设备进行维护保养，则零件的损坏更快，会增加更换零件的成本。随着时间的流逝，设备出现故障的次数增加，且寿命也会缩短。水电费：当设备运转效率降低时，其工作时就需消耗更多的能源。

（二）维护保养良好的设备能降低你的成本，提高你的利润。

你的职责，作为计划保养系统的经理，你们要负责：

1. 确定员工完成计划保养工作所需的工具和营运物料都配备到位且处于良好状态。
2. 监督设备的维修，追踪确保设备问题很快得到解决。
3. 了解计划维修预算，监督每月设备维护费用，将其控制在预算范围内。
4. 确定计划保养所需得零件库存（如适用）得到更新。
5. 让你们得餐厅经理了解替换了哪些零件。
6. 给其他的经理、员工货服务代理商分配计划保养职责或工作。
7. 追踪由其他人完成的计划保养工作的情况，包括：
8. 确保餐厅经理每月末再计划保养月历上签名。
9. 每周抽查 1 ~ 3 项已完成的计划保养工作。
10. 确定哪些员工和经理需要训练，以使计划保养工作得以顺畅进行。
11. 训练经理和员工来完成相关的计划保养工作。

（三）计划保养信息资源和工具

由两种可为计划保养系统提供支持的信息资源，可帮助你运用正确的方式完成工作：

1. 计划保养月历：

月历告诉你完成每项计划保养工作所需的时间和频率。它还将帮助你管理工作日程安排，并追踪哪些工作已完成。

2. 机器手册：

本手册包含有每件设备的图解、零部件信息，安全程序和故障排除步骤。在餐厅中，每件设备都应备有一本机器手册。确保你们只备有适用于餐厅相应设备型号的机器手册，除维修信息资源外，你还需确保员工能随时获取完成保养工作所需的清洁物料和工具。在餐厅的工具箱应有一套基本的 PM 工具。

二、管理计划保养系统

你们必须运用好现有的所有资源，成功地管理计划保养系统。这包括你的管理组需共同分担职责，并向员工授权工作。在你的训练中，你可向了解如何完成工作职责的人员寻求帮助。

计划号于此系统相关的每日活动，并将其作为你进行值班前计划的部分内容。你们可采用 GAME 模式来组织 PM 工作所需的资源，以帮助你安排并完成这些工作职责。

（一）搜集事实

下面的清单总结了需加以关注的地方及应完成的职责，以帮助你找出并纠正计划保养系统中存在的问题。

1. 设备的维修模式。注意是否在一件设备上出现了多次的叫修情况。

2. 维修保养费用。注意任何一件设备出现的差异的高额或极低的维护保养。

3. 与员工交谈。与在白天不同时段的员工交谈，了解设备方面出现的问题。

4. 安全事故报告。注意与设备相关的安全报告的增减幅度。

5. 设备的停机时间。注意是否有任何一件设备存在过多的停机时间或仅有很少的停机时间。

6. 餐厅设备的库存量。确认他们齐整且组织有序。

7. 计划保养月历。确保他们随时取用并按照建议的方式予以运用。

8. 完成的工作。检查是否都有签名并注明了解。

9. 机器记录卡。检查他们是否无缺失且是有序的。

10. 机器手册。确保机器手册是完整、最新的。

11. 工具/工具箱。确保存放有序、条理清楚且随时可用。

12. 设备备件。这些必须是可供随时可用，码放有序且记录在盘存清单中。在你们餐厅经理的协助之下，确定适合你们餐厅备件数量。

13. 员工和经理训练，你可以通过两种方式来确定训练要求：

（1）观察。观察员工和经理完成工作职责，并注意需要予以改进的地方。

（2）交谈。如果你不知道完成工作的正确方法，请询问员工和经理。

a. 设备区域的分配。关注分配给每位经理的特定区域。

b. 维护保养工作。这些可授权给合适的餐厅维护保养人员和/或服务代理机构。

c. 完成的比率。每周多应计算此比率。

（二）分析

1. 你们可以分析搜集事实过程中所获得的信息了，可以运用这些分析确保 PM 工作得到正确地完成。例如：

（1）如果需要订购备件，你可以先算出成本，并在预估下个月的损益报告前，告知餐厅经理。

（2）如果员工或经理需要加以训练，以完成各种的PM工作，应与训练和排班协调合作，确保预算中有足够的资金，班表上安排了足够的共识，保证训练的进行。制订计划。

（3）行动的项目可分为三类：工具的维护、训练或实施问题、沟通与追踪。

a. 与你们的团队沟通，找出具有兴趣且精通设备的员工。

b. 在计划保养月历上分配好具体的工作职责。

c. 当你分配PM工作职责时，需特别关注要你订购备件的工作职责。常用的备件包括奶昔和新地机的橡皮密封圈和风扇皮带。检查并确保餐厅中备有这些备货留出足够的提前时间。

（4）与排班/或餐厅经理沟通，确保为完成PM工作职责安排了足够的时间。省略这一步骤，通常是造成PM工作没有按时完成的原因。

（5）就所需完成的工作职责确立明确的期望。

（6）用能取得最佳成效的方式进行授权。例如：

（7）将与某备件相关的所有工作职责授权给一个人。

（8）PM职责安排在同一个班次。如果可能，挑一个客流量较低的班次，这样顾客满意就不会受到影响。

（9）把同一天的所有工作安排给同一个人，使中断工作流程的情况降至最低。

（10）如果可能，安排其他的经理完成PM工作职责，能帮助他们面对不同的情况，进一步发展他们维护保养设备的技巧。

（11）至少每周追踪所有完成的工作职责一次。不要仅依赖工作完成的确认签字，应加以抽查以确保PM工作得以正确地完成。

（12）挑选1~3项已签名并注明完成日期的PM工作进行抽查。

2. 特别时那些与餐厅在QSC&V或利润方面的机会点相关的工作职责。

例如：如果新地的品质存在问题，应检查一下各项的PM工作：

（1）斟出温度。

（2）奶浆储存槽温度。

（3）调味糖浆斟出的温度和斟出量。

（4）重新排定未在制定期间内完成的工作职责。找出哪些没有签名和日期的未完成的工作。立即重新为其做好安排。与未能成功完成工作职责的人员谈话，确定应采取哪些措施以防止此情况的再次发生。

（5）对他人的工作给予认知和承认。当职员得到正面回馈时，他们会努力继续做到最好。这种积极正面的氛围会促进协调和合作进入更高的层次，帮

助你达成目标。

3. 安全地维护好设备。

严格遵守安全和预防措施，可避免多设备方面的事故。作为 PM 经理，你们的职责是：

（1）能认识到安全程序的重要性并严格加以遵守，以预防工作中事故的发生。

（2）在要求人员完成工作任务之前，应确保人员得到了正确的训练，能正确使用工具和完成 PM 所需的营运物料。

4. 你的安全和餐厅中其他人员和顾客的安全依赖于：你在管理计划保养系统做工职责的绩效时，对基本安全准则的重视。下页列出了一些基本的安全准则。任何操作设备的人员都必须严格遵守这些准则。

（1）维护保养设备是，应切断电源并拔下插头。

不论何时，当你在电器设备上作业时，一定要切断设备的电源并拔下插头。大型设备需要高压来维持设备的运转，你应时用短路器来切断其电源，关闭设备。

（2）一定要确保你设备、工具、工具面和地板都是干燥的。水是良好的导体，在潮湿的环境中带电作业，通常会导致严重的电击事故。

（3）使用带有橡胶或塑料手柄的工具。

橡胶或塑料不导电。使用包裹了这些材料的工具能大大降低触电的危险。

（4）切不可用水来扑灭电力引发的火灾。

只可使用标明为 C 或 BC 型号的灭火器。作为一名经理，你应该知道所有灭火器的位置。还应确保他们经过重新地充装或填充。灭火器应每年或在使用后重新充装一次。

三、维修保养与能源管理重复

（一）简介

本单元的目的：在与对水、电、煤气等能源，通过各种适当的途径与方法进行管理与控制，使能源成本得以控制，以增加利润。对机器设备的保养、维护及操作，都是节省能源的一些技巧，同时也能提高产品品质。

（二）能源调查

1. 能源管理的目的。

2. 可显示各餐厅对执行能源管理后的成效。

3. 可了解哪些设备对能源管理的影响最大。

4. 可帮助各餐厅发现问题，直到能源浪费的潜在问题。

5. 在执行改善时，也可以因此知道改善的状况及结果。

（三）能源成本管理系统

包括：能源盘存，色点系统，设备开机时间表，设备维护月历表。

1. 能源盘存：

可让我们比较现在与去年同期的使用量。好的能源盘存计划，应集合所有的人力。每周公布结果，让大家知道为了控制能源所付出努力之成效。所以“能源盘存系统”可透过“用电盘存表”“煤气用量存表”等来进行管理。

例：“每周用电盘表”

日期	期初用电	期末用电	耗用量（度）	去年耗用量（度）
1997	5029	5187	158	
	5188	5396	208	
	5397	6096	699	

2. “色点系统”（Dot Sytem）：

是用于设有“能源自动管理系统”（Energy Interlock System）、“自动空气平衡”（Automatic Air Balance）或能源节约系统的餐厅。使用色点系统，可将色点标在任何设备的配电盘上，如此可使餐厅在节省能源的情况下合理使用能源。

（1）在“照明设备”配电盘上，先决定哪一区控制照明设备的哪一部分，并记录下来，可以作为日后参考。决定哪些是照明的开关时段，哪些是营业前开、白天开、晚上开、打烊关或离店前关，然后标上色店以便区分。

建议色点如下：

红色—全时段开启（例安全灯、冷冻库）。

黄色—员工进店时开启、撤店时关闭（厨房、柜台区）。

绿色—开始营业时开启，打烊时关闭（价目灯、用餐区灯）。

白色—傍晚（天黑）开启、打烊时关闭（菜单箱灯、招牌灯）。

蓝色—需要时开启。

可将色点系统说明贴在配电盘旁。

（2）设备配电盘上，也可以用色点系统来执行“间隔开启”，必须确定所有的餐厅管理干部都要能了解色点系统的重要性，并会使用。

3. 设备开机的时间表—附表：

在营业额低的时段中，把那些不需要使用的设备关掉，可以节省能源。为厨房中所有电器拟定“开机时间表”，可以节省不少电力（电费）；因多数设备之暖机耗电量比正常作业的耗电量大很多，所以一次启动一台设备，待暖机后在启动另一台设备，可使耗电量降至最低。

另外，“设备开机表”可多备一份，以因应不同经营形态（例如：周日与平日之高低营业额或夏冬季节之不同）。

4. 能源管理方法，可分为三种“控制”方法：

■ 调整控制。

■ 开启、关闭控制。

■ 维护控制。

（1）“空调设备”（H－V. A. C）：

A. “调整控制”餐厅热气之流出，主要是受建筑物内、外温差的影响；所以设定正确的恒温器温度，才能节省能源。

（a）冬季时，餐厅内的空调温度应设定为20℃；夏季时，餐厅内的空调温度应设定为24℃～26℃；此时能使多数人感到舒适。

（b）温度之测量标准是：

用餐区：以顾客坐下时，头部的高度为准。

厨房区：以员工站立时，头部的高度为标准。

（c）空气平衡：

随时保持餐厅内空气压力大于室外（正空气），如此可让空气流向室外，以杜绝蚊虫及尘土；空调设备及排油烟机之基本概念源于此，所以适当的调整，可使空调及烹调设备所耗用的能源降低。

B. “开启、关闭控制”：

（a）如果室内温度许可，可直接开启、关闭部分设备，只让风扇继续转动，如此可节约大量能源。

（b）如果是独立式空调叶可参考“色点系统”拟定“间隔式启动时间表”来进行作业，每日可节省不少运作时间。

（c）“排油烟机”若完全启动，每分钟可排出4000～6000立方尺空气，所以，当打烊时，煎炸炉清洁完毕后，务必立即关闭排油烟机，如此才不致于造成浪费（因餐厅内80%之热气流逝或吸入，都是由于排油烟机运转之故）。

C. “维护控制”——使用工具有三种：

（a）确实使用“设备保养月历”定期维护。

（b）透过能源调查表，去落实追踪设备维护的结果。

（c）还可利用空调保养手册，透过图示区检视并了解维护程序。

小贴示：

空调设备的主要维护作业

■ 保持清洁的空调设备

在清洁屋顶空调设备（蒸发、冷凝器），尘土最常阻塞冷冻线圈及其他零件，而使设备效率大为降低，同时也需检查设置在风管内的恒温器（温控）是否清洁（为了正常测温，恒温器需挂在风管内空气回流口上方6寸处）

注意：每两个星期至少需要更换一次过滤网

■ 检查V形皮带及滑轮（每月）

测试皮带张力（旋转度应在90°~180°）使否有裂痕；且每个月更换1次皮带（餐厅内应有备用皮带）

■ 定期检查空调内部设备

注意是否有螺丝松脱、腐蚀、裂缝及其他损坏状况，需要修补；若未改善会造成空气外泄，影响设备的效果

■ 每年检查通风管2次

看是否有腐蚀，结合处有无漏油现象（表示冷媒外泄）或检查“检视孔”及干燥过滤器

■ 检查入风口及回风装置

清洁并调整空气流向，切勿直接向下或对墙，也不能向着中央输送槽、炸炉、煎炉等处吹（使温度无法稳定）

■ 检查蒸发器滴盘：确定是清洁且干燥的，以免沾湿马达

注意：

■“排油烟机”也许定期保养，检查马达底部垫圈、马达上油、皮带张力、滑轮定位、润滑轴承、风管调节板等

■ 在靠近设备前作业，必须先将配电机设备开关关掉，同时可挂一告示牌“严禁打开电源”，以防他人任意打开电源，此为“安全措施”

（2）“开启—关闭控制”。

进货时，冷冻库勿关闭压缩机（因关闭后再开启，机组运作花费较高）。进货、盘点、理货时，勿让冷冻库门开着，空气帘应保持适当的位置，人员进出冷冻库的次数应减少。

另小型冷冻冰箱打烊后应关闭（将半成品调存至大库过夜），因小冷冻冰箱经常除霜，可免过度用电（箱结得愈厚，需耗更多能源才能冷却半成品）。

（3）维护控制——良好的冷冻/冷藏系统的保养，不但能节约能源成本，也有助于延长设备的流畅运作。主要的是执行定期的保养：

a. 定期检查冷冻/冷藏库门垫圈：清除尘埃或食物残渣，并注意有无裂缝，且检查门边之加热器以防结冰。可用“纸币测试法”：将一张纸币贴在冷冻/冷藏门边，把门关上，如果加住的纸币能轻易抽出，表示垫圈套太松；如果用力才能抽出，表示垫圈紧密适度。在每扇门边的上下方都需测试。

注意：冷冻库门底应有 1/4 ~ 3/8 寸的空隙，以避免冷冻库呈真空状态，而使门不易打开。垫圈破裂、弹簧松弛、铰链破裂都必须立即处理。

b. 定期检查、校准恒温器：

冷冻库（Freezer）：0°F ~ 10°F。

冷藏库（Cooler）：34° ~ 38°F。

c. 所有冷冻/冷藏机组的冷凝器、蒸发线圈应保持清洁。

5. 厨房设备（生产设备）：

厨房设备所耗用的能源，占一家餐厅总能源的 40%，所以厨房设备耗用能源之管理很重要。以使用煤气的餐厅来比较，便可较易知道厨房能源之耗用（因煤气都是用于烹调）。良好的能源管理，应是确保所有厨房设备经过校准、清洁及维护，但要彻底执行。

6. 冷冻/冷藏（Freezer/ Cooler）：

冷冻/冷藏系统关系到我们半成品的品质，所以维持适当的温度范围是非常重要的。

（1）“调整控制”：我们要在冷冻设备上安装除霜计时器，以节省能源。

除霜时间的设定应为：

a. 在进货后 2 小时。

b. 在人员不常进出冷冻库的时间。

c. 在非高峰电力需求时段。

d. 间隔至少 4 小时，（例如：06：00、12：00、18：00、24：00）。大型冷冻库上的除霜计时器，设定为 50 分钟，冷藏柜则设定为 30 分钟。

（2）调整控制。

例如，对已开放但不须使用的炸锅加以覆盖，使油温不至加快散失；同时对设备的定期校准温度，更为重要。

（3）开启—关闭控制。

一家餐厅的设备安装，是依据该餐厅预估的高峰营运的负载量而设定的；既然如此，一家餐厅当然也会有低峰的营运时间，在此时段，关闭一些设备也就合理了。所以我们可以利用“设备开关机时间表”来训练服务员，让他们

了解使用设备的适当时机最有效的办法。

例如：开店时，有些设备可先开启（须暖机时段长），有些较晚开启（暖机时间较短）；营运中，有些设备不须全天使用（辅助设备）；打烊时，须确认是否所有的设备都关闭。

（4）维护控制。

a. 烟道壁及排油烟机的清洁（每年 1～2 次）；每日清洁煎炉、炸炉滤网 2～3次。

b. 依“设备保养月历”之时间表，确保执行温度校准。

c. 对使用煤气之煎、炸炉，需要定期检查炉膛火焰的调整、清洁及煤气压力的调整。

7. 照明设备。

一家餐厅若有充足光线能使事物充满明亮与愉悦，这有助于吸引顾客前来。所以，我们可以使用浅色的桌椅、较多的镜子、更开放的空间及省电灯泡来节省能源。

（1）调整控制。

日光灯优于白炽灯（普通灯泡）。日光灯每瓦电力所产生的亮度，倍于普通灯泡之度，且热能也较低。唯有大厅及用餐区之装饰照明可以使用灯泡，并应选择较低瓦的省电灯泡。

（2）开启—关闭控制。

可以色点系统的方式来控制，较为有效。

（3）维护控制。

灯管的对位装置须正确，否则将缩减灯管寿命。

8. 给水设备。

用水量及加热用水都是能源的使用。

（1）调整控制。

a. 一般水龙头完全开启时，每分钟会有超过 2 加仑的流量，所以可将水量阀门调小，使流量变小。

b. 厨房清洁槽水龙头之热水的水温应为 140°F 以上（若禁用化学消毒剂，则水温应为 180°F）。

c. 最后，煤气热水器的火焰应为清澈的蓝色，那表示完全燃烧，未造成能源的浪费。

（2）开启—关闭控制。

在这方面最要注意的便是漏水，例如：马桶水箱进水阀、水龙头，结合处、喷枪等。若有漏水情况，应立即进行维修。

（3）维护控制。

我们必须注意热水箱有无损坏、缺口、滴漏、腐蚀状况，若有须立即修理或更换；另外，热水管绝缘装置也须定期检查，若破裂会导致热能的流失，而使能源用量增加。

水冷式冷凝器的压缩机须定期检查水量的调节功能，若调节失常会造成水量及能源的浪费。首先，关闭系统电源，5 分钟后，水应已排干，接着开启电源让冷凝器运作 5 分钟后，排水管排出的水温应在 100°F ~ 150°F，若小于 100°F，表示使用过多的水去冷却，若大于 105°F，表示用水太少，缺乏效率。

第九章　设备手册

一、简介

正确执行餐厅设备维护、保养的操作程序和报修工作，是使得餐厅正常营运的重要保障。对设备设施维护保养的状况，直接关系到餐厅为顾客提供的QSC水准和餐厅的成本及利润。

对餐厅管理组来讲，最重要的是记住有关设备的两个事实：

■ 没有永远不坏的设备。

■ 每台设备只有在正确使用及维护保养的前提下才能使用较长的时间。

餐厅经理要负责确保每日、每周及每月的清洁工作顺利完成。这是维护设备的最好方法。

维护保养可以增加设备的使用寿命。它也可以减少伤害的风险并有助于确保顾客100%满意目标的达成。

1. 设备设施维护保养良好的餐厅可以：

——维持较高的QSC水准：良好的用餐环境和工作环境，高品质且稳定的产品。

——保障正常顺畅的营运状况。

——降低维修、购买的费用成本，从而提升利润：我们是在用餐厅的纯利润维修或购买设备设施。

——对设备有较高的管理能力和操作水准。

2. 设备设施维护保养较差的餐厅：

——无法维持QSC水准：用餐环境和工作环境差，品质不稳定。

——营运过程中常出现设备故障，正常营运受到影响。

——设备老化快，故障率高，缩短了设备寿命，提高了维修成本。

——对设备设施没有标准的操作程序，并使用不当的方法破坏设备。

用我们的爱心呵护设备！

用我们的热心维护好每一个设备！

用我们的细心及时发现状况，及时解决！

3. 设备经理的角色：

■ 确保值班经理完成所有的清洁及维护工作。

■ 对餐厅员工进行清洁及维护工作的培训。

■ 确保排定的清洁及维护工作按计划完成并符合标准。

■ 建立并持续使用机器设备清洁保养表或检查表。

■ 检查常见的问题及问题的解决。

■ 检查设备的安全危害。

4. 设备经理的工作职责：

1）维修工具的保管和维护，以确保维修工具的完整和良好的功能。

2）常用零配件及易耗品的备用计划。

3）确保设备的正确使用，并用规范统一的方法操作设备。

4）拟订切实可行的保养计划。

5）追踪保养计划的执行状况，并对成果负责。

6）执行设备叫修程序。

7）保障设备档案的完善，及时地完成维修保养记录。

二、维护保养对餐厅的影响

1. 有些餐厅是以下列这种态度来操作设备/设施的。“如果它没坏，就不用修它。”他们只有当设备不能正常工作时才进行维修。不幸的是，这种态度经常是太迟，同时费用也太昂贵了。

2. 维护保养是通过在问题发生前采取正确的行动来预防它。不能正确运转的设备是一种安全危害。餐厅员工必须接受培训来正确清洁和使用这些设备。这将有助于确保一个安全的工作环境。

3. 维护保养设备最好的方法就是按标准进行清洁。完成每日、每周、每月的清洁工作有助于将设备保持在正常运作的良好状态。

4. 在一个动作良好的餐厅中，维护保养是餐厅中每日例行工作的一部分。餐厅中的每个人都在维护餐厅设备中扮演着一个角色。如此便可拥有一个清洁且设备是有效运作的餐厅。员工们可以提供高品质的产品及快速、准确的服务。

我们需要知道：

■ 当冷凝器散热片没有按时清理，冷藏库的效率会因此降低30%。

■ 不干净的散热片可以导致压缩机过热及损坏。这会影响食品品质、食品安全及员工的人身安全。

■ 散热片很脏的冷凝器其能量的费用会比清洁的散热片的冷凝器高50%。

■ 重新购置一个新的压缩机的平均费用在人民币4000～10000元。

■ 清洁散热片每周需花费大约10分钟。这将等于每年的维护费用大约52元，与重新购置压缩机相比节省了人民币3948～9948元。

三、管理维修

1. 有规律的维护有助于避免昂贵设备的损坏。然而，即使维护保养是按标准执行的，设备也可能会不正常工作。当这种情况发生时，就必须要联络维修厂商。无论如何，设备在保修期之外的维修费用是很昂贵的。

2. 一个值班经理或员工可以处理很多设备问题。当问题发生时是让维修人员来维护设备的。在有些案例中，维修设备并不是必需的。例如，一台设备不能运转是因为它被偶然地拔去了插头。这也是很多种设备不能按原定计划工作的原因，许多时候，这些设备问题只需要正确的解决方法就能排除。

3. 即使设备不能工作，餐厅应该有一个继续工作的计划，因为维修人员需要过一些时间才能到达。值班经理必须负责保持餐厅的开放以服务顾客。例如可乐机坏了，就要安排人到外面去买瓶装可乐。

解决设备的问题如果我们的值班经理和设备经理对我们的设备都有一定的了解和认知，我们将会：

■ 快速使设备正常工作。

■ 减少不必要的维修费用。

■ 有助于保持餐厅较高的顾客满意度。

一些解决问题的步骤对于许多设备来讲是很常见的。如果一台设备不能工作，值班经理或设备经理应该检查：电源、断路开关、电源开关、设备保险丝。

值班经理们应该一直使用以下解决问题的技巧：

■ 在试图解决问题或维修前切断电源。

■ 找固定物体固定在移动的部分。

■ 如受过培训，则拆卸，清洁，重新组装设备。千万不要将手伸进开动的机器中。

设备保养计划是指根据设备设施的状况，进行有计划的定期清洁和保养，使设备保持良好的工作状况，并达到延长使用寿命的目的。如：周/月/半年清洁和季/年度的保养等。

维修十二字箴言：

保养重于维修！维修重于购买！

四、设备管理规定

1. 餐厅所有设备的日常保养及维修等工作，必须由组长以上人员专职负责。

2. 餐厅必须有至少 1 名设备经理，完成日常设备的维修和定期的检查及保养工作。

3. 餐厅设备管理负责人必须按公司规定监督餐厅设备的日常保养，并完成指定工作。

4. 建立和保管好餐厅有关设备的各种资料。

5. 管理人员必须了解餐厅所有设备的使用方法，并指导和监督员工按正确的方法使用设备。

6. 建立日常设备维修记录本。排定维修人员每日工作流程，并确认完成情况。

小贴示：

设备管理表格包括：

1. 餐厅设备保养月历　　2. 餐厅设备档案记录表

（一）餐厅设备维修流程

1. 餐厅维修设备预估费用在 50 元以下的情况由餐厅经理安排维修人员维修，并应做好记录。餐厅维修设备预估费用在 50 元以上的情况，餐厅经理应向直属部门申请，要得到书面批准后，方可安排维修。费用发票应经审批部门签字，方可报销。

2. 所有设备维修均需要做好书面记录，填写“餐厅设备档案记录表”。

（二）餐厅添加设备流程

因设备无法维修或因餐厅营运实际情况的需要，添加设备请按以下两种方

法处理：

1. 设备金额在50元以下的情况，由餐厅经理安排购买，并要求有购买单据，购买单据上应注有购买人员及餐厅经理的签字。

2. 添加设备金额在50元以上的情况。餐厅经理应向直属部门申请，要得到书面批准后，方可安排购买或由公司协助购买，购买单上应注有餐厅经理及审批人的签字。发票附申请书后。

3. 所有添加的设备均需要做好书面记录，填写“固定资产盘点表”。

五、能源管理——水、电、煤气控制

能源管理是餐厅管理工作中，不可缺少的一项重要工作。能够合理有效地控制能源，就可以减少能源浪费，提高餐厅的利润。

通常餐厅主要有三个方面控制能源：电、水、煤气。

（一）电能管理由三个部分组成

1. 电灯：

餐厅应将各种电灯开关按需要分为四个部分，每部分用一种颜色以便识别。

红色：任何时段都要保持开启（长明灯）。

黄色：非营运时段开启。

蓝色：营运时段开启。

绿色：天色阴暗，及傍晚黄昏时视需要开启。

2. 空调：

设定温度：冬天18℃～20℃；夏天25℃～27℃。

设定启闭时间：视餐厅实际情况设定启闭时间。

3. 炸炉：

（1）开店时按营业额预估情况开启炸炉。

（2）营运低峰期时只用一台炸炉。

（3）晚班高峰期过后，视需要关闭部分炸炉。

注：每天盘点用电量参照营业额比例判断用电量是否合理。如有不合理之处，应及时查明原因并做出改进计划。

（二）水

1. 节约用水，用水后随手关闭水开关。

2. 合理用水，尽可能将水放到容器内清洗物料、用具等，避免长时间用

水冲洗。

3. 用拖把洗地板，避免用大量的水冲洗地板。

注：盘点用水量，参照营业额比例判断用水量是否合理，如有不合理之处应及时查明原因并做出改进计划。

（三）煤气

1. 根据食物制作好需要的标准时间，合理使用煤气炉制作食物。

2. 天气较冷时，煤气瓶内气压太低，煤气不能充分燃烧；有两种方法可节约：

A. 用热水经常浇煤气瓶外部，确保瓶内气压充足。

B. 煤气进货，采用称进称出（以重量为计量方式，￥××元/公斤）的方式，不以瓶为单位。

3. 根据操作标准检查员工使用火力是否合理。

小贴示：

餐厅可制作的表格如下：	
1. 餐厅煤气用量登记表	2. 换油记录表
3. 餐厅耗电量盘点表	4. 餐厅用水量盘点表
5. 宿舍耗电量盘点表	6. 宿舍用水量盘点表

六、设备保养

（一）果汁机保养

1. 每日清洁果汁槽和相关部件。

A. 下果汁槽之前，关闭冷冻和液流开关。

B. 把饮料从果汁槽中放出。

C. 把手柄压到底使挤压管移动，然后拔出挤压管。

D. 捏住并压下白色的固定卡，向下拉出手柄。

E. 捏住并挤压冷凝盒两侧面然后向下拉出。

F. 从底架中抽出滴落盘。

G. 拆下果汁槽盖、泵体总成和果汁槽。

H. 拆下泵之叶轮：拔下使叶轮固定在泵体上之销钉即可拆开泵之各部分。

I. 循环器之叶轮清洁：把推进叶轮滑到轴的端部，清洁叶轮及叶轮之中

部。如果叶轮摩擦循环器体，则更换之。

J. 清洁工具：温饮用水、柔和的洗洁剂、软毛刷、硬毛刷等。

K. 清洁要求：把果汁槽里外及各部件清洁干净，用清水把洗洁剂冲干净。

2. 对系统之消毒。

清洁过程完成后，应对系统进行消毒作业：

A. 工具：清洁之饮用水，食品机械消毒剂：如：消毒药片等。

B. 步骤。

a. 把一加伦常温消毒水，一片消毒片加两升水，倒入果汁槽中。

b. 盖好果汁槽盖，运行系统 2～3 分钟。

c. 通过放料阀排掉消毒液并用过滤水把系统冲洗干净。

3. 每月检查并清洁制冷系统。

检查并适时清洁制冷系统之散热器和压缩机外壳表面，以利于发挥制冷效果，清洁过程中注意不要损坏设备表面。

（二）可乐机保养

1. 试验 CO_2 回路之泄漏：

在水供应到碳化桶和连接糖浆罐之前试验系统的泄漏是很有必要的。假如有泄漏，可以很方便很迅速地进行处理。

A. 打开 CO_2 并调整调整器之初始值为 90PSI（6.2BAR）。

B. 使 CO_2 瓶供应变换手柄到这个调整器。

C. 移动空气/CO_2 转换阀到 CO_2 位置。

D. 使 CO_2 气体进入系统。

E. 2～3 分钟后关闭 CO_2 瓶阀。这将使管线在压力下扩张。

F. 在高压计量器观察压力，指针大约下降 1PSI（0.1BAR），但将保持恒定不再降压。等待几分钟。

G. 如果压力持续下降，这表明系统有泄漏必须解决。

H. 可以用肥皂液涂在连接处来发现微小的泄漏，完成后要把肥皂液清洗干净。

2. 更换 CO_2 钢瓶。

当饮料塔上的“二氧化碳压力过低指示灯”亮时，表示应该更换 CO_2 钢瓶。

A. 将 CO_2 供应更换纽移到对面的槽内。

B. 顺时针关闭 CO_2 顶置阀。

C. 拆下空瓶并更换平径上之保护垫。

D. 连接一个新瓶。

E. 反时针方向缓慢打开顶置阀到最大。注意不要损坏压力调整器。

F. 压力调整器应为90PSI（6.2BAR）。

如果压力调整器的读数不是正确值，可以缓慢地旋转调整螺丝。顺时针为增压，逆时针为减压。

3. 清洁糖浆管线、罐、快速接头。

工具：硬毛的水龙头或喷嘴刷子，饮用水，空糖浆罐，食品机械消毒药。

要求：清洁所有的糖浆残渣，消毒至少10分钟，并把药液冲洗干净。

4. 水过滤器滤芯之更换：

水过滤器之进口压力应为55PSI（3.8BAR），出口压力至少20PSI（1.4BAR）出口压力如低于15PSI则应更换滤芯。

（三）制冰机保养

1. 先检查制冰机。

对所有的管道和接头检漏，确信制冷剂管道没有和其他的管道、盖板等擦到或振动。

注意：不要把任何东西（如箱子等）放在制冰机前面。制冰机周围前后要通风良好，这样可以获得最高的制冰量，并能延长设备的寿命。

2. 外部清洁。

经常清洁制冰机周围，并保持清洁和整齐，用海绵蘸中性肥皂水清洗制冰机，并用软布擦干。

3. 清洗冷凝器。

不干净的冷凝器会阻塞空气流通，导致过高的运行温度，并且减少制冰量，缩短部件寿命，按照以下步骤，至少每3个月清洗一下冷凝器。

A. 内置于制冰机的可洗式铝制过滤器是用于捕获流经空气的灰尘、脏物、纤维屑和油脂，它有利于保持冷凝器干净，清洗过滤器宜使用中性的肥皂水或洗洁精水。

B. 只用软刷，二氧化碳或带刷的真空吸尘器清洗冷凝器的外侧。清洗时宜从顶部往底部清洗，而不是从一侧到另一侧，小心不要弄弯冷凝器的翅片。

C. 用手电光透过冷凝器翅片检查翅片间是否存在脏物。

假如脏物仍在：

A. 从冷凝器内部沿着翅片吹压缩空气，小心不要弯曲风扇叶片。

B. 使用商用冷凝盘管除垢器，使用时要遵循除垢器的使用说明和注意事项。

4. 用翅片梳理直弯曲的冷凝器翅片。

5. 用软布小心擦拭风扇叶片和马达，切勿弄弯风扇叶片。假如风扇叶片过于脏，用中性的肥皂水彻底清洗。

注意：清洗冷凝器之前，须先切断通往制冰机的电源开关。

（四）冷藏柜保养

1．安全注意事项：

A. 冷柜应放置在空气流通，阴凉、干燥的地方，切应避免阳光直射和环境温度过高的地方。

B. 使用电压范围 187 ~ 242V，如电压超出所示范围，请加装容量为冷藏柜输入总功率 5 倍的电源稳压器后方可使用。

C. 必须使用带正式地线的三孔插座，（地线不允许接在自来水管或煤气管上）。

D. 不能在冷藏柜附近使用易燃、易爆和有腐蚀性的物品。

E. 请不要用湿手操作冷藏柜电源开关或温控按钮等。

2．维护保养：

A. 要经常观察冷凝器，当冷凝器积有过多灰垢或油积时，会影响通风散热，如不及时清理，会影响制冷效果。每隔 1 ~ 3 个月清洗冷凝器一次。

B. 当需清洁冷凝器灰垢时，请先将电源插头拔除，并用塑料薄膜包好电器元件及接线驳口处。清洗时可用压缩气体风吹或自来水压冲射。清理油积或用 1∶20 的氢氧化钠水溶液淋在冷凝器上，待油积全部溶解后，用自来水压冲射。（注意：待制冷系统晾干后，方可接通电源开机制冷。）

C. 除霜：

直冷式冷藏柜—蒸发器是不带翅片的光管，又分为明管（可见）和暗管（藏在内胆背面，不可见）两种。

当蒸发明管表面积约结有 8mm 厚的霜层时，会影响制冷效果。应及时进行除霜——先关闭电源，将柜内物品取出，再用自来水冲洗蒸发管表面的冰霜至全部溶化。（切勿用锐利金属铲除冰霜层。）

注意：对于装蒸发暗管的冷藏柜，当内胆表面的霜层结有 8mm 厚时，也需要按上述方法除霜。

（五）烘包机保养

为了预防汉堡包黏住发热板，发热板应每星期定时清洗一次。

清洗发热板时，我们推荐使用对发热板的钛金属不构成损害的清洁垫。可

使用以下步骤来清洗：

——拔掉插座让烘包机冷却下来。

——撕一小块清洁垫在发热板上。

——把烘堡机发热板弄湿后，再把上下面板清洗干净。

注意：不要用任何可对发热板的镍合金造成损害的其他清洁垫；比如：一些比较粗糙的垫布、酒精或化合物，等等。

（六）炸锅保养

1. 炸锅日清洁：

用清洁的抹布清洁炸锅内箱。擦拭所有的金属表面，清除部件上堆积的油迹和灰尘；用一块清洁沾有洗涤剂的湿布，清洁炸锅的外表面。每周清洗锅缸和加热器一次。

注意：滤油前一定要确保关闭电源。

2. 炸锅周清洁：

用一块清洁的干抹布擦拭所有可拆卸的零部件。用一块沾有炸锅清洁剂的干抹布清除零件上的油垢，在重新装上之前用清水彻底清洗零部件上的油垢，在重新装上之前用清水彻底清洗零部件然后擦干。

3. 炸锅月保养：

（1）每月一次检查校准只用模拟控制器的炸锅。

在炸锅温度达到设置的烹炸温度后，油加热器循环（加热/停止）至少 4 次，然后将一核准好的温度计，在炸锅温控器探头附近插入炸油中约 3 英寸（7.5mm）深。当 计。读数应在温控器旋扭或电脑板设置的烹炸温度 ± 华氏 5°（±2C°）的范围之内。如偏离此范围，参见相应温控器装置的核准说明进行校准。

（2）煮锅：

在启动炸炉［置于 ON（开）］之前，关闭炸锅泻油阀，装进冷水和炸锅“N”油脂清洗剂混合液，配制混合液时参照。参照外壳上说明。

A. 按动炸锅 ON/OFF（开/关）启动炸锅，对于温控器，将熔油开关置于 OFF。

B. 将温控器旋扭或数字控制器调到华氏 200°（93C°）或根据编程说明，将电脑板设置为煮锅操作。

C. 慢慢煮熬溶液 45 分钟到一小时，在煮锅期间不要让水位低于锅的油标以下。

注意：1. 不要让炸锅无人看管。如果炸锅无人看管，煮液可到能起泡并

溢出，在出现煮沸现象时，通过按 ON/OFF（开/关）键关掉炸锅。

2. 按电脑件 ON/OFF 开关或转动控制器旋扭关闭炸锅。

D. 如加 2 加仑水，排出溶液并彻底清洗炸锅缸。

E. 重新在锅缸内注满清水，冲洗锅缸两次，排出并用干净的湿毛巾擦拭，在锅缸注满炸油以前彻底清除所有水迹。

滤油：

——每天至少要将炸油过滤一次。

——滤油可以保持食物的风味和延长炸油的使用寿命。

关机：

——晚上打烊时，先把炸槽内的炸油全部过滤好，然后盖上锅盖，接着关闭电源。

停机：

当长时间停机时，把炸油排干并彻底清洗干净锅槽，或者把炸油全部清理掉，要么将炸油过滤后保存在锅槽内并盖好，将总电源开关和温度调节器都关闭。

第十章 能源管理

本单元的目的，在于对水、电、煤气等能源，通过各种适当的途径与方法进行管理与控制，使能源成本得以控制，以增加餐厅的利润对机器设备的保养、维护及操作，都是节省能源的一些技巧，同时也能提高产品品质。

一、能源调查

能源管理的目的：

（一）可显示各餐厅对执行能源管理后的成效。

（二）也可了解哪样设备对能源管理的影响最大。

（三）还可帮助各餐厅发现问题，知道能源浪费的潜在问题。

（四）在执行改善时，也可以此知道改善的状况及结果。

二、能源成本管理系统

包括：能源盘存；色点系统（Dot System）；“设备开机时间表”；（Fire Up Schedule）；“设备维护月历表”。

（一）能源盘存

可让我们比较现在与去年同期的使用量。好的能源盘存计划，应集合所有的人力，每周公布结果，让大家知道为了控制能源所付出努力之成效。所以“能源盘存系统”可透过“用电盘存表”“煤气用量盘存表”等来进行管理。

例如：

每周用电盘存表

日期	期初用电	期末用电	耗用量（度）	去年耗用量（度）
	5029	5187	158	
	5188	5396	208	
	5397	6096	699	

（二）色点系统（Dot System）

是用于设有“能源自动管理系统”（Energy Interlock System）、“自动空气平衡”（Automatic Air Balance）或能源节约系统的中心。使用色点系统，可将色点贴在任何设备的配电盘上，如此可用于餐厅在节省能源上使用。

1. 在“照明设备”配电盘上，先决定哪一区控制照明设备的哪一部分，并记录下来，以作为日后参考。决定哪些是照明的开关时段，哪些是营业前开、白天开、晚上开、打烊关或离店前关，然后标上色点以便区分。

建议色点如下：

红色——全时段开启（例如安全灯、冷冻库）。

黄色——员工进店时开启、撤店时关闭（厨房、柜台区）。

蓝色——傍晚（天黑）时开启、打烊时关闭（菜单箱灯、招牌灯）。

绿色——开始营业时开启、打烊时关闭（价目灯、用餐区灯）。

黑色——全时段关闭（例：暂不使用的开关）。

可将色点系统说明贴在配电盘旁。

2. 在“空调设备”配电盘上，也可以用色点系统来执行“间隔开启”。

绿色——进店时开，撤店时关。

黄色——开始营业时开，打烊时关。

蓝色——营业后 1 小时开，打烊时关。

红色——需要时再开，（以间隔 30 分钟的间距，来开关设备）。

必须确定所有餐厅干部都要能了解色点系统的重要性，并会使用。

（三）设备开机时间表（Fire Up Schedule）

于营业额低的时段中，把哪些不需使用的设备关掉，可节省能源。为厨房中所有电器设备拟定“开机时间表”，可以减省不少电力（电费）；因多数设备之暖机耗电量，比正常作业的耗电量大很多，所以一次启动一台设备，待暖机后再启动另一台设备，可使耗电量降至最低。另外，“设备开机时间表”可多备一份，以因应不同经营形态（例：周日与平日之高低营业额或夏冬季节之不同）。

（四）设备维护月历表

此月历之目的，是使设备通过定期之维护保养，使折旧率降低，可延长设备寿命，减缓设备之汰换，且设备性能好，也能降低能源之耗用量。

三、能源管理方法

可分三种“控制”方法：调整控制，开启、关闭控制，维护控制。

（一）空调设备（H－V. A. C.）

1．调整控制——餐厅热气之流出，主要是受建筑物内、外温差的影响；所以设定正确的恒温器温度，才能节省能源。

（1）冬季时，餐厅内的空调应为20℃，夏季时，餐厅内的空调应为26℃，此时能使多数人感到舒适。

（2）温度之测量标准是：用餐区以顾客坐下时，头部的高度为准；厨房区以员工站立时，头部的高度为准。

（3）Air balance：随时保持餐厅内空气压力大于室外（正空气），如此可让空气流向室外，以杜绝蚊虫及尘土；空调设备及排油烟机之基本概念源于此，所以适当的调整，可使空调及烹调设备所耗用的能源降低。

2．开启、关闭控制。

（1）如果室内温度许可，可直接开启、关闭部分设备，只让风扇继续转动，如此可节约大量能源；

（2）如果是独立式空调，也可参考“色点系统”（Dot System）拟定“间隔式启动时间表”来进行作业，每日可节省不少运作时间；

（3）“排油烟机”若完全启动，每分钟可排出4000～6000立方尺空气，所以，当打烊时，煎炸炉清洁完毕后，务必立即关闭排油烟机，如此才不致造成浪费（因餐厅内80%之热气流失或吸入，都是由于排油烟机运转之故）。

3．维护控制——使用工具有三种。

1. 确实使用“设备保养月历”定期维护。
2. 透过能源调查表，去落实追踪设备维护的结果。
3. 还可利用空调保养手册，透过图示去检视并了解维护程序。
4. 空调设备的主要维护作业有：

（1）保持清洁的空调设备：在清洁屋顶空调设备（蒸发、冷凝器），尘土最常阻塞冷冻线圈及其他零件，而使设备效率大为降低，同时也须检查设置在风管内的恒温器（温控）是否清洁（为了正常测温，恒温器需挂在风管内空气回流口上方6寸处）。

（2）监察V形皮带及滑轮（每月）：测试皮带张力（旋转度应在90°～180°）是否有裂痕；且每6个月更换1次皮带（餐厅内应有备用皮带）。

（3）定期检查空调内部设备：注意是否有螺丝松脱、腐蚀、裂缝及其他

损坏状况，需要修补；若未改善会造成空气外泄，影响设备的效率。

(4) 每年检查通风管 2 次：看风管连接处是否由于有松脱、损毁、裂缝等现象而造成滴漏水，并同时清理它。

(5) 每年检查冷煤管 2 次：看是否有腐蚀，接合处有无漏油现象（表示冷煤外泄），或检查“检视孔”（Sight Glass）及干燥筛滤器。

(6) 检查入风口及回风装置：清洁并调整空气流向，切勿直接向下或对墙，也不能向着中央输送槽、炸炉、煎炉等吹（使温度无法稳定）。

(7) 检查蒸发器滴盘：确定是清洁且干燥的，以免沾湿马达。

注意：(1) “排油烟机”也须定期保养，检查马达底部垫圈、马达上油、皮带张力、滑轮定位、润滑轴承、风管调节板等。

(2) 在靠近设备前作业，必须先将配电盘及设备开关关掉，同时可挂一告示牌“严禁打开电源”，以防他人任意打开电源——此为“安全措施”。

（二）冷藏/冷冻设备（Freezer/Cooler）：

冷冻/藏系统是关系我们半成品的品质，所以维持适当的温度范围是非常重要的。

1. 调整控制。

我们要在冷冻设备上安装计时除霜钟，以节省能源。除霜时间的设定应：

(1) 在进货后 2 小时。

(2) 在人员不常进出冷冻库的时间。

(3) 在非尖峰电力需求时段。

(4) 间隔至少 4 小时（例如：06：00、12：00、18：00、24：00）。

大型冷冻库上的除霜计时器，设定为 50 分钟，冷藏柜则设定为 30 分钟。

2. 开启—关闭控制。

进货时，冷冻库勿关闭压缩机（因关闭后再开启，机组运作花费较高）。进货、盘点、理货时，勿让冷冻门开着，空气帘应保持适当的位置，并鼓励人员进出冷冻库的次数应减少。另小型冷冻冰箱打烊后应关闭（将半成品调存至大冷冻库过夜），因小冷冻冰箱经常除霜，可免过度用电（霜结愈厚，需耗更多能源才能冷却半成品）。

3. 维护控制。

良好的冷冻/冷藏系统的保养，不但能降低能源成本，也有助于延长设备的流畅运作。主要的是执行定期的保养：

(1) 定期检查冷冻/冷藏库门垫圈：清除尘埃或食物残渣，并注意有无裂缝，且检查门边之加热器以防结冰。可用“纸币测试法”：将一张纸币贴在冷冻/冷藏门边，把门关上，如果夹住的纸币能轻易抽出，表示垫圈太松；如果用力才能抽出，表示垫圈紧密适度。在每扇门门边的上下方都须测试。

注意：冷冻库门底应有1/4～3/8寸的空隙，以避免冷冻库呈真空状态，而使门不易打开。垫圈破裂、弹簧松弛、铰链破裂都须立即处理。

（2）定期检查、校准恒温器：

冷冻库（Freezer）：0°F～10°F。

冷藏库（Cooler）：34°F～38°F。

（3）所有冷冻/冷藏机组之冷凝器、蒸发线圈应保持清洁。

（三）厨房设备（生产设备）：

厨房设备所耗用之能源，占一家餐厅总能源的40%，所以厨房设备耗用能源之管理很重要。以使用煤气的餐厅来说，便可较易知道厨房能源之耗用（因煤气都是用于烹调）。良好的能源管理，应是确保所有厨房设备经过校准、清洁及维护，但要彻底执行。

1. 调整控制。

例如，对已开放但不须使用的炸炉加以覆盖，使油温不致加快散失；同时对设备的定期校准温度，更为重要。

2. 开启—关闭控制。

一家餐厅的设备安装，是依据该餐厅预估的尖峰营运的负载量而设定的；既然如此，一家餐厅当然也会有离峰的营运时间，在此时间段，关闭一些设备也就合理了。所以我们可以利用“设备开机时间表”来训练服务员，让他们了解使用设备的最适当时机及最有效的办法。

例如：开店时，有些设备可先开启（须暖机时段长），有些较晚开启（暖机时间较短）；营运中，有些设备不须全天使用（辅助设备）；打烊时，须确认是否所有设备都关闭。

3. 维护控制。

（1）烟道壁及排油烟机的清洁（每年1～2次）；每日清洁煎炉、炸炉滤网2～3次。

（2）依“设备保养月历”之时间表，确保执行温度校准。

（3）对使用煤气之煎、炸炉，需定期检查炉膛火焰的调整、清洗及煤气压力的调整。

（四）照明设备

一家餐厅若有充足光线能使事物充满明亮与愉悦，这有助于吸引顾客的前

来。所以，我们可以使用浅色的桌椅、较多的镜子、更开放的空间及省电灯泡来节省能源。

1．调整控制：

日光灯优于白热灯（普通灯泡）。日光灯每 1W 电力所产生的亮度，倍于普通灯泡之亮度，且热能也较低。唯有大厅及用餐区之装饰照明可使用灯泡并应选择较低瓦的省电灯泡。

2．开启—关闭控制。

使用“色点系统”（Dot System）方式来控制，较为有效。

3．维护控制。

灯管的对位装置须正确，否则将缩减灯光寿命。

（五）给水设备

用水量及加热用水都是能源的使用。

1．调整控制。

（1）一般水龙头完全开启时，每分钟会有超过 2 加仑的流量，所以可将水量阀门调小，使流量变小。

（2）厨房清洁槽水龙头之热水的水温应为 140°F 以上（若禁用化学消毒剂，则水温应为 180°F）。

（3）最后，热水器的火焰应为清澈的蓝色，那表示完全燃烧，未造成能源的浪费。

2．开启—关闭控制。

在这方面最要注意的便是漏水（例：马桶水箱进水阀、水龙头、接合处、喷枪等）。若有漏水情况，应立即进行维修。

3．维护控制。

我们必须注意热水箱有无损坏、缺口、滴漏、腐蚀状况，若有须立即修理或更换；另外，热水管绝缘装置也须定期检查，若破裂，易导致热能的流失，而使能源用量增加。水冷式冷凝器的压缩机须定期检查水量的调节功能，若调节失常会造成水量及能源的浪费。首先，关闭冷藏系统电源，5 分钟后，水应已排干，接着开启电源让冷凝器运作 5 分钟后，排水管排出的水温应在 100°F ~ 105°F，若小于 100°F，表示使用过多的水去冷却，若大于 105°F，表示用水太少，缺乏效率。

第十一章　开店与打烊

一、服务员开店与打烊

（一）开店简介

开店服务员的完善训练及可靠性，对于餐厅来说是非常重要的。因为开店经理在开店时要有许多责任，所以开店服务员与其他班次服务员，较没有人来监督他们的工作，为了让开店工作能顺利地进行，必须让服务员了解他们的工作，并遵守开店流程认真去执行。

（二）打烊简介

一家餐厅从开店营业到打烊，除了开店服务员需要负起一天顺畅营业的责任外，同样地，打烊的服务员责任也很重大，他们需要：

1. 确实地将一整天营运下来的所有设备，经过完全的清洗消毒（四步骤）后，提供给第二天的人员有清洁卫生的设备可用。

2. 除了将设备清洗消毒外，还需有完整且标准的训练，将设备做最完善妥当的归位，使第二天的开店人员能很顺畅地在很短时间内，将一切东西准备好，而不会有找不到的工具或设备装置错误的现象发生。

3. 此外大厅的清理还原，也使第二天早上来到餐厅用餐的顾客，有个舒适清爽的用餐环境。

（三）开店各站流程

注：以下只是举例，省去了部分岗位（站），且以一家西式餐厅为例，不一定适合所有餐厅，仅供参考。

1. 汉堡区 OPEN：

（1）准备消毒水。

（2）洗手消毒，穿围裙。

（3）准备汉堡区用具：盛食品盘、夹子、调料盒。

（4）补齐货品：包装纸、汉堡盒、薯条盒、盐、胡椒盐。

（5）准备汉堡原料：沙拉酱、生菜、番茄片、芥末、番茄酱、腌黄瓜、碎洋葱、生菜丝、洋葱丝等；生菜、番茄、洋葱、清洗、消毒、准备量以当日用量为限。

（6）营业前 30 分钟，打开煎盘电源，温度设定在 350°F。

（7）营业前 10 分钟，打开展示台开关。

（8）营业前 30 分钟，打开面包机开关。

（9）按 FIFO，从冷藏库中取已解冻好之汉堡面包。

（10）准备肉饼：班所需用量为限，放入汉堡冰箱。

（11）从冷冻库取出所用之薯条放入薯条冷冻箱。

（12）开启薯条炸锅，温度为 350°F。

（13）营业前 5 分钟按品管员口令将所需肉饼煎好。

（14）清洁工作区域，准备正式开业迎客。

（15）开店后进行例行汉堡区清洁，机器维修工作。

2. 柜台区 OPEN：

准备消毒水，洗手消毒。

（1）开启机器电源：热咖啡、热巧克力、热牛奶、汽水机。

（2）装配圣代机、用消毒水消毒、用过滤水清洗一遍。

（3）上圣代原料，开启圣代机。

（4）用消毒水循环清洗果汁机，循环 10 分钟，放掉消毒水后，用过滤水清洗干净。

（5）加果汁原料至果汁机，打开电源。

（6）清洁汽水出口分配器。

（7）开小餐包机，加热水至保温盒内 1/2 处，温度设定在 140°F。

（8）开启玉米浓汤保温锅，加热水至锅内 1/3 处，温度设定在 160°F。

（9）按 FIFO 将沙拉移入前台冷藏室。

（10）补充冰块至冰柜内。

（11）补充包装用品。

（12）点好零钱放入收银机营业前 5 分钟上线。

（13）清洁柜台区，准备营业。

3. 支援区 OPEN：

（1）清洗支援区所有用具。

（2）配制饮料、冰红茶、橙汁、咖啡。

（3）制作玉米浓汤。

（4）制作圣代原料（新料：旧料=6：4）。

（5）所有制作产品于开业前5分钟准备好。

4. 大厅区OPEN：

准备消毒水，洗手消毒。

（1）补充垃圾袋，每个垃圾桶套至少有2个垃圾袋（高峰期至少有5个）。

（2）清洁桌椅面、腿、脚。

（3）清洁地面，脚踢板。

（4）擦拭大厅玻璃及镜面。

（5）清洁卫生间，补齐卷纸、洗手液、垃圾袋。

（6）清洁餐厅外围、停车场、台阶。

（7）整理花木，准备开业。

（四）打烊各工作站流程

1. 汉堡区CLOSE：

（1）关闭薯条锅温控开关，过滤薯条炸油。

（2）将未用薯条搬回冷冻柜，注意先进先出。

（3）清洁薯条工作站：擦拭台面；清洁周围地面、墙壁；炸薯条用具送至清洗槽洗净后摆回原位。

（4）清洁汉堡区工作台面，盘、夹子拿至清洗槽，按清洗的步骤洗干净。

（5）关闭展示台开关，汉堡机开关使之冷却。

（6）将未用完之生菜、番茄片等食品放至冷藏库密封保存，按先进先出摆放好。

（7）关闭冷冻冰箱，清洁内外部。

（8）关闭冷藏冰箱，清洁隔板及内外部，原料盒。

（9）将白色专用桶内的消毒水倒掉并清洗干净。

（10）用刷子将烤面包板上的面包屑刷去，用湿抹布擦干净。

（11）清洁烤面包机：

①配制醋水（白醋：水=1：5）。

②用菜瓜布蘸醋水擦拭面包机上部，将面包机上油迹去掉。

③用干净湿抹布擦拭。

④清洁烤面包机下部。

（12）清洁汉堡煎盘：

①用醋水淋于煎盘上，使用菜瓜布清洁。

②清洁干净后抹少许炸油保护煎面，并盖上蜡纸。

③清洁煎盘底部。

（13）清洁展示台。

（1）用刷子刷去展示台上面包屑。

（2）用清洁剂水擦拭展示台。

（3）用清水擦拭展示台，并用抹布擦干。

（4）取下玻璃擦净后装回原处。

（5）将所有清洗后工具滴干水后放回原位。

（6）清洁汉堡区地面，清洁垃圾桶。

（7）检查所有机器开关是否关闭。

2. 柜台区 CLOSE：

（1）关闭热巧克力、热牛奶、保温汤锅，热果珍、咖啡机、三槽果汁机、汽水机、圣代机的电源开关。

（2）清洁咖啡壶：

①关闭电源。

②清洗壶内，加 1/3 冰块，1OZ 食盐。

③摇晃壶瓶，使壶内壁干净。

④用清水冲洗干净。

⑤清洗冲泡漏斗。

（3）清洁保温汤锅，热水倒掉，擦拭内外部。

（4）关闭小餐包机电源，倒掉保温槽内的水，将内外部擦拭干净。

（5）按标准程序清洗消毒圣代机。将原料卸下加盖后放入冷藏库。

（6）未用完之咖啡粉、巧克力粉、奶粉及果珍全部拿回仓储。

（7）果汁机内冰红茶废弃，果珍倒干净，用专用桶加盖放入冷库。

（8）清洁果汁机。

（9）取下汽水分配器，用温水洗净后，置于碳酸水中过夜。

（10）擦拭柜台上下。

（11）清洁垃圾桶。

（12）清洁储冰槽，将冰块倒掉，用干净抹布擦拭内外部。

（13）清洁柜台区所有用具，清洗餐盘。

（14）清洁柜台区地面、墙壁。

（15）检视所有电源开关是否关闭。

3. 支援区 CLOSE：

（1）清洁所有支援区用具并整齐归位。

（2）清洁冷藏库内外部。

（3）整理冷藏库内所有产品和原料，做到 FIFO。

（4）擦拭工作区机器设备。

（5）配制漂白水（漂白粉：水 =1：80），将所有抹布、拖布分开浸泡至第二天。

4. 大厅区 CLOSE：

（1）放置清洁牌，告知顾客。

（2）配制清洁剂：水 =1：5。

（3）擦拭桌椅，用清洁剂水擦后再用清水、抹布擦一遍。

（4）清洁垃圾箱，用清洁剂水擦拭内外部后，再用清水、抹布擦干净。

（5）清理垃圾，扎好垃圾袋送至垃圾区，清洁消毒垃圾桶倒放于垃圾箱内，并打开垃圾箱门。

（6）收餐盘擦干净送至柜台，餐盘需清洗、消毒。

（7）擦拭玻璃、镜面。

（8）清洁卫生间。

①用刷子蘸清洁剂刷洗所有卫生器具、墙壁、地面，消毒后用水冲干净。

②清理垃圾。

③用消毒抹布擦拭洗手台、镜子、烘手器、门及隔板。

（9）清洁大厅地面：

①用（50g 洗衣粉：30L 热水）清洁剂刷洗地面。

②刷后用吸水机吸干。

③用干净湿拖把将地面拖干净。

（10）将所有大厅用抹布清洗消毒后晾干。

（11）所有大厅拖把集中用漂白粉消毒浸泡 15 分钟后，清洗干净，挂起晾干。

二、管理组开店与打烊

开店和打烊在一天的营运过程中是最不容易管理好的两个时段，若能恰当地计划和执行，就可使整天的营运平稳且持续，如果未将开店与打烊做好，就会使营运呈追赶状态，显得非常忙乱。

（一）成功地管理好开店和打烊，必须注意：

1. 计划并组织好例行工作。
2. 协调人、机、物。
3. 优良的楼面计划并注意非生产小时的运用。

（二）良好的开店与打烊的成功方法

1. 利用开店打烊检查表，来确保高效率。
2. 合理的服务员安排，适当的人选放在适当的位置。
3. 在不影响营运的前提下，为下一班做准备，以便有良好的交接。
4. 团队精神的体现，时刻记住“我们是一个集体”。

（三）开店

开店的顺利进行关系到一天的营运工作是否能正确的展开。开店经理可把许多管理组和服务员的工作协调好，准备好开店的一切，准时开店，为顾客在一开店就能享有最好的QSC，使用值班计划完成固定的例行工作，执行开店检查表，协调好人、机、物。

行政管理：

1. 阅读经理留言本，检查晚班经理工作。

2. 查看班表，确定服务员出勤，完成工作站人员配置。

3. 根据预估营业额，订货，补货—查看“货物盘存表”，制订当班营业计划。

4. 检查前日营业额，督导会计作业—早班会计现金点算，收银机零找金分配。

5. 准备值班计划。

6. 填写各项表单：如“卫生检查表”、“废弃表”、“消毒表”。

营运管理：

1. 打开照明灯光，并开启机器电源。

2. 巡视所有工作，检查前一日打烊工作，遇有不彻底，交开店服务员继续完成。

（1）检查腌鸡，腌鸡胸数量。

（2）确定饮料原料数量。

（3）确定包装物料和配料已补足。

注：影响开店的要立即完成，不影响开店的可放在开店后执行。

3. 检查所有机器设备全部已开启。

4. 存货/损耗控制，设立盘点和“损耗表”。

5. 检查所有工作站的准备和清洁工作，产品在开店前5分钟是否准备好。

6. 订货，查看订货卡及盘存表进行订货。

7. 开店后：

（1）确定最好的QSC。

（2）各工作站执行例行清洁，机器维护保养工作。

（四）打烊

完好地打烊是一天营运工作的完美结束，可为第二天开店工作的顺利执行做好准备，它能创造一个卫生清洁的环境，经过仔细清洗和消毒的设备器具，能让顾客享受最好的QSC，如开店一样，使用的打烊检查表有组织地例行打烊工作，是打烊成功的关键。

当每天接近打烊时，逐个盘点要注意：

1. 在营业的最后一分钟，必须为顾客提供所有产品。如果没有，则会让顾客不愿再来。

2. 在晚上生意量减少时，可做一些打烊工作，但不要影响正常营运，清洗好的东西，不要摆在客人看得到的地方。

预备打烊：

1. 逐渐清掉今后不需要的收银机。

2. 指派服务员进行打烊前准备工作。

3. 解冻、加工明天所需产品。

行政管理：

1. 收银机下线，清点一天的营业额现金，赠券。

2. 检查当日损耗，考核合理性。

3. 完成打烊作业，检查会计工作：查看“现金报表”与营业分析。

4. 盘点每日货物盘存项目，完成“每日盘点表”。

5. 检查保险柜是否已上锁。

6. 检查服务员打卡记录。

7. 留言经理留言本，汇报当天重要之事及明日所要协助所做之事。

营运管理：

1. 打烊开始，关掉外招牌灯。

2. 检查所有货物使用期限，废弃到期货品。

3. 检查所有工作站打烊工作，“打烊检查表”。

4. 检查所有设备是否均已关掉。

5. 当日未用完之原料，产品送回库房。

6. 检查所有门是否均已上锁。

7. 关灯与空调。

8. 检查餐厅是否一切均已整齐。

9. 巡视餐厅确定所有人员均已离开。

第十二章　值班管理

在餐厅管理人员当中，值班管理也是最难培养的技巧之一。当你想要成为一个成功的餐厅经理人员，那值班管理的表现将是评估你的最佳方式。

值班管理最佳定义：使人员、设备及物料充分协调以达到杰出的 QSC（品质、服务、卫生）目标，并使营运维持在平稳，前后一致且有利润的状态。

值班管理是一项管理技巧，不只是靠听觉、视觉、触觉、味觉和嗅觉，同时还应该根据第六感觉，也就是直觉，来帮助您做出良好判断，提供杰出的 QSC 和顾客满意，达到成功的楼面管理。

一、值班经理的目标：努力提高 QSC

通过在每个班次为顾客提供优异的 QSC，从而达到销售和利润增长的目标。QSC 每提高一个等级，营业额可提高 6 个百分点。

二、值班经理职责

1. 协调并负责整个值班。
2. 提供领导及营运的知识。
3. 追踪产品的准备、成品的品质、半成品的损耗处理、顾客的满意度、门市的清洁与消毒，并训练服务员。
4. 与区域经理及服务员有效地沟通。
5. 组织并规划高效率的 QSC。
6. 发现问题并采取修正的行动。
7. 与顾客保持良好的关系。

三、值班经理重点关注的四个领域

1. QSC：保持杰出的 QSC。
2. 销售：令人增长的销售。
3. 人：工时成本小，生产力高。

4. 利润：有利润状态。

四、值班流程

1. 开店：

（1）利用间隔开店法去打开餐厅的大门。

（2）根据色点系统原则开灯、开通风系统。

（3）装机、装好饮料机、炸炉、烤箱等设备。

（4）切片：根据切片单切好相应的数量。

（5）清洁：对餐厅地板等不够干净的地方进行清洁。

（6）补货：填写补货单，统一补货（柜台、厨房的调味品、包装纸、半成品、营运材料）。

（7）打开设备：提前半小时打开炸炉、扒炉、抽油烟机、烤箱等设备。

（8）值班前检查：根据检查单从外围、大厅、柜台、厨房、洗手间、库房依次仔细检查，人员、设备、物料、清洁是否都到位，发现问题记入本日代办单，能解决的立即解决。时间为半小时。

（9）看经理留言本，看完后要签名，并记下对自己有关的信息，保持良好沟通。

（10）关注昨日营业额，如是周、月记下整数并预估今日营业额。

（11）上线，开启收银机。同时打开音响系统。

2. 值班中：

（1）安排人员熟悉手中的班表，利用员工岗位安排工作单及员工岗位安排指南，合理安排员工并与员工进行沟通，告知目标与怎样达到优质服务。安排第二、第三职责并逐渐完成代办单上的事项。

（2）安排区域管理人员：有效利用区域管理人员，告知他们工作目标及注意事项。区域管理的职责：人员、服务、清洁、物料、设备五个内容，并调动人员积极性，自己起到模范带头作用。

（3）了解手头的员工，懂得他们的优缺点并合理利用。

（4）每 30 分钟一次楼面巡视：检查营业额是上升还是下降，人手是否充足，顾客是否排队，是否有人要训练、辅导、沟通，岗位安排是否合理，餐厅是否清洁，物料是否充足，产品是否新鲜，设备是否状态完好，特别需要注意的是卫生间要专人负责清洁，有问题记入代办单。

（5）每小时看销售，对比预估差额，调整人员、物料、目标计划。并预估下小时营业额，与厨房、柜台沟通，做好准备。

（6）给安排过站员工过站，可以授权，给员工动力和压力，追踪员工

训练。

（7）每餐高峰期前做食品安全检查，每小时员工消毒双手，充分准备原料、人员、设备平稳，顺畅度过高峰期。

（8）根据室温打开空调。

（9）高峰过后，开始安排员工清洁、补货，并适量关闭部分设备，过后让员工用餐、休息。

（10）非高峰补货前先派人整理好库房，空出位置，并安排进货。

（11）始终关注营业额，服务速度（秒表）、微笑、产品品质、清洁，发现问题立刻行动。

（12）适当对员工进行手把手辅导，追踪、激励并沟通，提高其工作标准与工作热情。

（13）与下班经理交接，回顾值班情况，关于人员、注意事项、未尽之事的交接，必要时写在留言本上。

（14）接班经理提前半小时巡视楼面，记入代办单。接班时与上班经理沟通。

（15）根据天气情况，准时打开外围广告灯、招牌灯。

（16）有空时做顾客访谈及意见调查，获取顾客的潜在意见，争取顾客100%满意。

（17）检查是否换油，如油脂产生过量的油烟变黑、味道苦涩、产生过多的黄色泡，则需换油。一般3~4天换一次，每天过滤油。

（18）注意有无停电、停水及特殊日程，并预先沟通完排好。

（19）当楼面繁忙时，经理不要去充当一名员工，而应充分发挥协调、统筹作用。

（20）当一切安排妥当后，则可以自己去起带头作用，调动员工积极性。

（21）充分运用视觉、听觉、触觉、嗅觉去发现问题，改进问题，同时利用最重要的第六感觉——直觉去预见问题，避免不必要的损失。

（22）回顾“顾客满意、服务时间、营业额趋势、工时、输送槽产品保存量，员工工时控制，半成品损耗，套餐（其他促销）售卖情况”目标与实际的差异。

（23）开始关掉部分照明灯光，机器设备、部分清洁、该入机的入机，播音通知，柜台建议外带，进入打烊期。

3. 打烊

打烊经理的四大职责：保全、利润、成本、清洁。

（1）关户外广告灯箱。

（2）关门、下线、注意安全，运用间隔打烊法。

（3）关灯、空调、机器、音响、窗户。

（4）把物料（包括柜台果珍）运回库房（盘点散货），消毒机器。

（5）大厅地板拖一遍，垃圾桶，洗手间消毒清洁。必要时地板刷一遍。

（6）消毒清洁厨房设备、地板、特别是扒炉要用高温清洁剂，炸炉用玉米粉清洁。

（7）盘店货品：主要是注意易耗品原辅料，记下库存。

（8）计算差异：薯条算应产率，其他算个数，在库存表上填写进货、调拨、现存，计算出使用量与售卖的差异。

（9）记录当天营业报告：日期，星期，天气，支票数，签单数，折扣数，代用券，现金，食品额及成本，营业额、套餐数、退产品数、生产力、工时额及成本，TC，AC，水费，电费，差异，现金盈亏，成品损耗，半成品损耗，经理签名等。

（10）下第二天的切片单。

（11）检查各工作站清洁情况。

（12）利用间隔打烊法离开餐厅。

五、值班管理技巧

1. 做个积极的经理：意识到值班过程中总在变化，对变化积极做出反应，积极的经理不但发现变化，还需创造变化，是个防火经理。能居高临下，统筹安排、提高 QSC 营业额。

2. 不做消极的经理：消极的经理是让餐厅自己运行，不去理会各种需求，等出现了问题才去补救，亡羊补牢、虽为时未晚，但已造成损失，是个救火经理。他总是被手头的事缠住，不能理出头绪，盲目性大。

3. 值班管理三步骤：值班前计划；值班中行动；值班后分析—检讨、防火。

4. 值班中行动的步骤：

（1）观察—运用 5 个感官去了解餐厅内所进行的每一件事。

使用工具：餐厅巡视路线图。

当你发现问题时，切勿只是走过而已，请立即行动，并运用人际关系沟通及追踪的技巧。

（2）设定优先顺序及解决方法。

第一优先处理项目：任何直接影响，延迟产品的生产或将标准产品传送顾客之状况。

第二优先处理项目：任何会影响顾客舒适及方便的状况。

第三优先处理项目：任何会直接影响餐厅外观及作业的状况。

（3）行动——许多问题的发生是直接来自于值班经理在值班期间内未充分的追踪。在你亲自检查以前，切勿假设工作已经被完成。你还须发现问题产生的原因和根源并想出一个预防问题再次发生的方法。

（4）采取长期行动——制订行动计划。去发现问题为什么会发生以及你如何能防止问题再次发生，人员共同讨论。

（5）实行计划中的工作。记住：第一眼看起来很像是明显的原因不一定是真正的原因。切勿执意自行解决问题，因为管理是——透过别人去将事情完成的艺术。

（6）值班后的检讨。

找出问题的原因及想出预防方法的最好时机，是在值班的检讨中，与你的经理人员共同讨论。

5. 安排岗位要点：

运用“可变工时指南”作为岗位安排参考。

“在适当的时候将最好的员工安排在其最擅长的岗位”，是达到顾客满意及工时成本相对平衡的关键，人尽其才，英雄有用武之地。

在生产区及服务区之间协调好人手。

不要忽略炸薯条及品管人员，这是两个经常被忽略的岗位，总会在需要人手时没有足够的人手。

关键岗位应配备优秀及杰出的人员，如：食品准备人员和品质控制员。

应用8∶1的原则确立当班经理、服务区经理、生产区经理的位置，当班经理必须是自由的，不应被捆在一个岗位上。

必须能够清楚地辨认并理解主要任务和第二职责。

6. 雇员管理要诀：

如果我们可以完全信任每一个人，特别是我们的雇员，那将是最好不过的。然而，我们不能这么做。除了具备日常安全管理的常识以外，我们还为店主提供一些店堂安全管理必须遵守的原则。

■ 不要把钥匙交给任何人。

■ 不要把保险柜密码告诉任何人。

■ 不要让任何人代你关锁店门。

■ 不要将现金放在外面（保险柜、收银机等）。

■ 不要让你信任的雇员替你点钱。

■ 不要让人们从店里借钱。

■ 不要借钱给送货人。

■ 不要与邻里店铺发生借贷关系。

■ 不要对有关快餐店的事漠不关心。

■ 不要让任何人代你上银行存款。

7. 值班追踪事项：

■ 半成品处理、有效期、存量

■ 产品的准备制作工作

■ 产品品质，时间

■ 对顾客服务

■ 餐厅的清洁卫生

8. 走动式管理：公司管理要求经理们走在工作前线，经理不是坐在办公室里管理，也没有合适的办公室提供，经理一直是在楼面上活动，运用五官与直觉，通过与顾客交谈，直接服务于顾客。把问题找出来并预见问题的发生及时予以解决。

9. 经理的风范：

（1）永远不说“差不多”“大约”等不准确的信息，特别对营业额等数字一清二楚，并且绝不是一个枯燥的数字在脑海里。

（2）对于问话，永远不一问三不知，至少要回答相关问题，或者立刻去查看答案。

（3）以点头示明白，不明白即问。

（4）做事永远有计划。

（5）永远只有一个标准，行动一致。

（6）做事永远没有借口。

10. 评估是激励训练的重要措施：

（1）每日的沟通与回馈能确保评估结果不使员工意外。

（2）评估的目的是改善员工以后的工作表现。

（3）评估的四个步骤：明确工作中的优点缺点；确定产生问题的原因；找出可采用的激励方式；就行动步骤达成一致。

11. 学无止境：经常学习有关书籍，总结经验，对于领导的指点要乐于接受，虚心学习并立刻着手改正。积极行动、永无借口——万不能反驳辩解，这样才能成长，成为一个出色的职业经理。

12. 管理区域：经理密切注意区域人员、物料、清洁等各方面标准，发现问题，找来区域经理到面前，把问题指出来，并告之处理方法，现场进行训练、改进。既不伤经理面子，又树立了自己的威信。

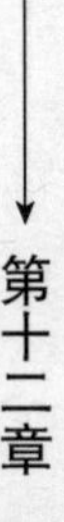

六、值班决策重点

（一）优先顺序的排定

1. 依据一些基本原则来决定哪一个是最重要的。

哪一个问题是我最容易解决？

哪一个问题是我感觉到解决起来最顺利的？

哪一个问题是我的经理人员最了解如何去解决的？

2. 唯一方法：目前我所面临的问题：哪一个是最重要且必须立刻解决的？

（二）决定优先顺序

步骤一：决定哪一个问题较严重？

首先问你自己，每一个问题都会影响 QSC 吗？

步骤二：决定哪一个严重的问题须优先解决？

哪一个对顾客会造成最大的负面影响？

依照对顾客造成负面影响的顺序来处理问题

（三）运用其他人员去完成工作

将较不急迫的问题交由你的区域经理去处理，当你处理第一优先的问题时，他们可以处理第二、第三、第四优先的问题。使用：沟通、协调、合作，发挥团队精神以解决值班期间内的问题。

七、激励服务员

身为一位经理人员，最富挑战性的工作，即是让你的服务员维持高水平的表现。当服务员受到激励会有以下表现：

1. 尽可能将工作做到最好。
2. 朝着达到团队的目标而工作。
3. 满足顾客需求。
4. 改善工作表现。
5. 顾客担负额外的责任。

相反地，未受到激励的服务员会有以下表现：

1. 不遵守适当工作程序。
2. 不能贯彻工作。
3. 为差劲的工作表现找理由或借口。

4. 工作表现不及他的能力。

一般而言，一个未受激励的服务员，将以消极被动的态度来对待工作伙伴或工作，甚至会呈现出不好的服务给顾客。身为一位领导者，你最重要的一件事便是“以身作则”。尊敬及诚恳来对待你的服务员，这将会发展出一种助长激励的环境。

激励服务员的关键是——了解他们的需求并达到它，需求包含了：认可、自信、归属感及乐趣。为了了解某些服务员，必须透过观察与讨论，与你的服务员谈话，倾听他们告诉你的需求为何，并使用沟通技巧，试着去满足他们。

每段时间给予服务员不同的指定工作，以满足其需求的多变性。

每段时间给予服务员例行的工作，以满足其需求的相似性。

八、学习管理利润

身为一位×××的经理人员，你的管理就是为了要提供杰出的 QSC 给顾客。

（一）QSC = 营业额 = 利润

利润就是——应产率、损耗、生产力。

1. 应产率——是指以定量的半成品，完成应用的成品数量。

范例：某些产品的应产率太高，则顾客并没有享受到应有的产品品质，若应产率太低，则代表了操作过程中有不当的损耗。

控制应产率最好的方法就是：仔细追踪所有可以观察到的操作步骤。

2. 损耗——是指不应该提供给顾客而必须丢弃的成品或半成品数量。

不好的产品，就不要售出。

损耗是应该可以被控制的，可以用那些好的控制应产率方法，相同的使用在对损耗的控制上。

成功的损耗控制是经由谨慎的完成所有正确的操作程序。

3. 生产力——是指在限定的时间内完成所有应负责工作的能力好的生产力可以提升利润。不好的生产力会降低获利。

生产力的高低会受以下因素所影响：

（1）训练——人员训练愈好，工作效率愈高。

（2）追踪——好的追踪导致高生产力。

（3）激励——当人们受到高度的激励，生产力就提升。

成功的激励关键是：

（1）强而有力的人际关系技巧。

（2）有效的沟通。

(3) 持续的正面及修整性追踪。

利润的管理方法，完全相同于 QSC 的管理方法当你身为值班经理，你就同时在管理 QSC 营业额及利润。

九、行政工作

每一位的×××的经理人员都会负责一些门市的固定行政工作，例如：

清点并更换收银机的抽屉；“现金日报表”；保险柜的稽核；每日盘存；其他每日餐厅经理决定并做规划安排及训练；开店与打烊值班。

这是每位餐厅经理人员必须经历的训练工作，详细内容请参阅“管理组开店与打烊手册”建议至少轮值过 5 次开店值班及 5 次打烊值班，并接受餐厅经理评估考核通过。

十、值班管理常用表格选

(一) 本日待办单

完成确认	问题内容	负责人员	优先次序
1	______	______	□
2	______	______	□
3	______	______	□
4	______	______	□
5	______	______	□
6	______	______	□
7	______	______	□
8	______	______	□
…			

(注：据公司事务情况灵活确定表格栏目多少，一般一页内)

(二) 值班前检查表

填表人：__________时间__________日期__________

请注意：如果有服务区经理及生产区经理，那么你应尽量通过他们来完成工作。如果没有，你一定要亲自准备并追踪每个区域

续表

人员			
阅读管理组留言簿 检查营业额预估 与生产区和服务区经理（如果有）根据员工班表确定各区人员（生产区、服务区及得来速），并讨论工作站安排和区域目标 确定所有员工明白自己的基本职责及第二职责 检查员工的仪表及洗手程序 待办事项：________			
生产区		柜台	
设　备	产　品	设　备	产　品
炸炉 煎炉 烘包机 电脑/计时器 酱枪 冷藏/冷冻柜 色拉/松包调料 猪柳块存放器 保温存放柜 空调系统 烤箱	第一补货单 第二补货单 调理台 某食品 冷冻柜/煎炉 面包/松饼 色拉/松包调料 饮料系统 冷藏/冷冻库 干货间 中央输送槽 成品品质	炸炉 橙汁 咖啡 奶昔/圣代 色拉保存柜 派保温柜 收银机 得来速屏幕 中央输送槽 得速对讲系统	柜台下面 中心岛 奶昔/圣代 薯条工作站 中央输送槽 顾客方便用品 饮料工作站 得来速集膳台 成品品质
清洁与卫生			
餐厅内		餐厅外	
生产区/柜台区	大　堂	外　围	得来速
洗手池 抹布及煎炉抹布 设备 后区/地下室 后区洗涤槽 垃圾桶 墙/墙脚 天花板/风口 价目表/促销图片 洗手液	地板/墙脚 天花板/风口 灯光 座位/装饰物 垃圾桶 温度 儿童椅 卫生间	区域内的垃圾 区域外的垃圾 人行道 窗/窗框/门 人工造景 旗帜 灯光/标牌 垃圾桶 游乐区/外围区	车道及小路 人工造景 外卖窗 价目牌 促销图片
待办事项：________			

（三）值班记录表

值班目标

这次值班，我的目标是：

人员：________________

设备：________________

物料：________________

在值班期间遇到了什么问题：

人员：________________

设备：________________

物料：________________

值班后评估：

是否实现了值班目标？所遇到的问题是如何解决的？与另一名月薪经理进行讨论，记下他/她的建议或提示。

（四）楼面巡视表

1. 检查营业额是上升还是下降：根据营业走势，便可得知营业额是上升和下降，而采取相应的措施

____

____

2. 人手是否充足：地板是否脏，品管台是否缺货，柜台服务速度慢，顾客是否在排队，根据这些现象便知人手是否充足，然后调整人员

____

____

3. 是否有人要训练、辅导、沟通：看员工的制作、服务、清洁标准以及工作表现是否欠佳，有必要进行训练、辅导、沟通

____

____

4. 岗位安排是否合理：各岗位是否协调，人是否尽其才；如没有，请调整

____

____

续表

5. 餐厅是否清洁：检查各区域，特别是大厅、卫生间是否清洁，发现问题及时改正
6. 物料是否充足：特别在高峰前检查各物料，保证有足够的量。在高峰后补充物料
7. 产品是否和解：是否严格按照产品保存期标准，包括咖啡、派等。是否先进先出，品管叫制是否合理；如没有，请行动
8. 设备是否完好状态：检查生产出来的产品，设备的时间、温度等，如不对，则尽快校准
9. 洗手间是否有专人：如没有专人，请尽快安排，并进行沟通

第十三章 区域管理

一、建议目标

（一）永远要把所有的值班时段，管理于高水准的 Q. S. C. 状况且持续地维持利润状况，训练人员并公平对待人员。

（二）我们的顾客到我们的门市来用餐为的是高水准的品质、服务和清洁，而我们做生意为的即是利润。所以我们必须持续地强调其重要性，以确保每位顾客从开店至打烊每一分钟内都能获得高水准的 Q. S. C. 。

（三）以身作则是最佳管理模式，并以标准训练你的人员并透过持续不断的追踪、激励，以创造值班管理时最佳的人员士气与状态。

二、区域管理

（一）简介

当你成为一位区域经理时，你已踏出了值班管理的第一步，因为区域经理责任和值班经理相同你也要为整个区域负责。通常一位经理人员要指挥八个服务员，而营业额增加，服务员人数亦增加。区域经理会帮助值班经理管理一个区域并使其达到有效率、快速协调的目标，进而配合值班经理去达成整个楼面目标。

区域管理训练进行顺序：生产区经理——柜台区经理——大厅区经理。

（二）区域经理职责

1. 做好值班前后的准备。

值班前计划：

（1）人员：将人员安排于他们最熟练的工作位置上。

（2）设备：对区域内每一件设备都确定其正常运作。

(3) 物料：确定有足够的半成品食品及包装物料在值班时不致有短缺的情形。

2. 达成值班时区须完成的工作目标：

值班时——必须执行一个重要步骤，那就是“追踪”。

追踪项目：

(1) 是否已在值班前将指定工作分配好。

(2) 追踪服务员工作站程序之标准度。

(3) 掌握服务员上、下班时间。

(4) 不断检核楼面 QSC 水平是否达标准。

注意：每隔 15 ~20 分钟，请彻底巡视所负责的区域，如有任何事物值得注意，立刻去处理并即时回报值班经理。

3. 自我评估为下一次做准备：

值班后——在值班完毕后，请务必执行对此次值班之分析评估，何者做得好，何者须改善，并加强且持续优点，进而改善缺点并降低其发生的频率。

(三) 区域经理运用技巧：

小贴示：

3′Cs——沟通（Communication）
协调（Coordination）
合作（Cooperation）

1. 沟通——一对一的意见交换：

(1) 向上的沟通：与值班经理讨论你的区域计划并确定他了解你的目标及方向，随时通知他在你的区域内所发生的任何事情。

(2) 横向的沟通：在适当的时机与其他区域的经理沟通增进彼此间相互协调。

(3) 向下的沟通：

a. 与服务员沟通传达他们的首要以及次要责任。

b. 追踪他们的工作表现，并修正其工作站标准度。

c. 给予正确且清楚的指令。

d. 善用正面认知的方式，激励其士气之提升。

e. 鼓励其彼此沟通，并提供改善意见。

2. 协调——人员、设备、物料的配合：

（1）人员：将适当的人员放置在适当的工作站上。

（2）设备：确保设备都能被正确的使用及操作，并运作正常。

（3）物料：在值班时，须确保物料充足且不会发生值班期间再浪费人力去补物料之情况。

3. 合作——尽己所能地去完成工作目标。

（1）互助合作之精神：

因工作需求，服务员被抽离时其工作站其他服务员应发挥合作精神兼顾此工作站。

（2）责任感之认同：

你要积极去辅导及鼓励服务员要求工作有责任感与发生“我只负责这项工作，别的不干我的事”当然你要——“以身作则”。

（3）强调速度及效率：

强调行动快速，并随时准备去帮助或接替他人工作站且表现出高效率，让自己以团队为荣，也鼓励到小组成员都会有更好的表现。

（四）团队领导：尊敬×信任＝影响力

1. 尊敬——因为你所有的知识及技术而从你那组得到尊敬，你知道的愈多及做事愈遵照程序，你所赢得的尊敬愈多。

2. 信任——是由于你正确且公平的对待小组里的每位成员，并尊重他们个人而且试着想象他们所想要的方式去对待他们。

3. 影响力——是指言语及行动加诸在别人身上的总和。

尊敬、信任、影响力三者关系成正比，愈能以身作则及公平对待服务员且尊重他们，那你的影响力就愈大。

三、生产区管理——产区经理

（一）目标

1. 准备且正确的传送出热腾腾、高品质的食物。
2. 依据标准且适当的操作程序。
3. 确定厨区所有设备皆正常动作。
4. 确保厨区工作站的清洁度。
5. 依循产品叫制表及顾客需求，生产出适量的产品。

（二）工作前准备

1. 人员工作站协调（注意生产力之评估）。
2. 机器检查（使用值班前检查表，以确保不会有遗漏）。
3. 储存区物料之充足及先进先出（确实掌握使用期限及存量）。

（三）品质管理

1. 物料之先进先出落实执行，并标示清楚。
2. 经常使用测温计，以确保机器正常运作及产品品质。
3. 执行机器保养计划——面包机、煎炉、炸锅等（请依循计划保养手册）。
4. 分配器，以确保半成品之应用。
5. 担任门市进货之工作并执行品质抽验。

（四）执行重点

1. 使用生产区经理值班前检查表执行工作前准备。
2. 使用营业额生产小时对照表参考安排人员位置。
3. 依循产品叫制表、稽核品管员叫制口令及产品之 Time card 的执行。
4. 运用 3′Cs 于值班过程，并时常运用正面及修正性认知以达到工作目标。
5. 适时与值班经理及其他区域经理沟通工作状况。
6. 随手清洁（Clean as you go）、先进先出（FIFO）之落实执行。
7. 特殊状况之应变处理。
8. 每 15 ~ 20 分钟巡视所管理的区域，并执行待办单（To do List）。

（五）产品叫制

1. 产品叫制表的作用：

（1）提供给我们的顾客热腾腾、新鲜、高品质的产品。

（2）改善我们的服务，控制产品的烹炸量和成品损耗。

（3）依此表调整品管的叫制产品数量。

2. 使用说明：

（1）营业额比率依门市实际状况自行设定，可参照生产小时对照表上的营业额比率。

（2）产品叫制数量以每半小时营业额的比率进行调整。

(3) 每项产品百分比依上月月盘上每项产品百分比进行调整。

(4) 值班经理按照班表上每时段预估营业额对照此表进行叫制。

(5) 表内未列产品如需叫制，请在空白处填写。

3. 产品叫制公式：

产品烹炸量的计算（依营业额）：

(1) 半小时烹炸量 = 半小时预估营业额 × 销售百分比 ÷ 产品售价。

(2) 最大烹炸量 = 半小时烹炸量 ×3 ÷2。

(3) 最低烹炸量 = 半小时烹炸量 ×1 ÷2。

例：炸素鸡售价：7 元　营业额：500 元　销售百分比：12%

半小时烹炸量 =500 ×12% =60 ÷7 =8. 57≈9（块）

最大烹炸量 =9 ×3 ÷2 =13. 5≈14（块）

最低烹炸量 =9 ×1 ÷2 =4. 5≈5（块）

营业额（元）	0 ~ 500	500 ~ 1000	1000 ~ 1500	1500 ~ 2000	2000 ~ 2500
烹炸量（块）	5 ~ 14	14 ~ 26	26 ~ 39	39 ~ 51	51 ~ 65

四、柜台区管理——柜台区经理

（一）目标

1. 提供快速的服务，柜台服务时间 1 分 30 秒，排队等候不超过 2 分钟。
2. 依照柜台标准程序——六大步骤落实执行。
3. 确定所有设备皆正常运作。
4. 提供顾客印象深刻的服务。
5. 保持此区域的清洁与消毒。

（二）区域管理重点

1. 柜台区域的管理是非常特别的，它是唯一具备三种功能——（生产、配送及销售）的区域。

2. 柜台是你必须管理的区域，它是餐厅配送产品的地方——包含了产品展示台及薯条工作站。

3. 透过“沟通”的方式去达到“供与需”的平衡点。

4. 须与厨区品管员讨论预估营业额及客流量。

5. 沟通特殊状况——例如大量订餐等。

6. 顾客特制产品需求的沟通。

7. 注意柜台区特别或大量的点膳，并立即通知品管员。

8. 随时注意产品展示台内产品存量，并与品管员沟通调整。

9. 随时注意柜台顾客之表情与需求。

10. 柜台服务人员士气之提升。

11. 明确告知每位服务员主要及次要的工作责任。

12. 处理顾客抱怨。

（三）处理顾客抱怨技巧

1. 立刻反应——要表现出真诚的关心与在乎。

2. 保持自信——如行为表现是主动且愉悦的，有助于平息客人的忿怨。

3. 化解可能当众吵闹的情形——将顾客带离现场。

4. 对不便之处表示抱歉——设身处地为客人着想并表现出热心，为其不舒适而道歉。

5. 不要推卸责任——如当时无法解决，请记录并尽快给予答复，切勿说“那是公司政策”。

6. 立即就将问题解决——如及早发现，请立刻解决问题。

7. 调查事件并保持记录——“追踪”是完结问题的最佳步骤。

8. 传递你的承诺——当对客人做出任何承诺，请立即实践。

任何顾客可能感受到的怨气，都会因你的热心且主动的态度而化为乌有。

五、大厅区管理——大厅区经理

（一）目标

1. 提供顾客舒适且干净的用餐环境。

2. 主动接触顾客以了解顾客满意度。

3. 大厅服务员依标准工作程序执行——尤其是微笑与态度。

4. 确定区域内用品及工具齐全且正常运作。

5. 给顾客一个难以忘怀的用餐经验。

6. 顾客抱怨的处理。

7. 接待员管理与配合。

（二）区域管理重点

1. 主动与顾客接触——了解并改善门市机会点。

2. 持续的追踪服务员工作站标准度。

3. 训练服务员对顾客满意的认知，以提升顾客满意度。

4. 接待员工作追踪——尤其是儿童游乐区，必须有接待员看管，注意儿童的安全。

5. 处理顾客抱怨。

第十四章　管理组发展计划管理

这是针对×××餐厅经理人员所发展的训练计划，它与服务员训练系统一样，遵循相同的原则，而且有许多相同的组成要素及需求。

训练人员是一个持续进行且永不结束的职责。这就是说，我们每天的所有行动，都是在接受训练，人们喜欢学习新的事物。当我们帮经理人员规划了一个可以学习与成长的环境，那便可以让他们感受到自己更重要且更有价值。

只有借着今日训练他人，才能使明日的工作更容易。

一、训练发展计划

（一）一个良好的训练小组

其组成是由分公司经理、督导、餐厅经理及其他管理组并由总公司营运训练组统一规范、执行，其扮演的角色为支援各区域之餐厅经理人员训练发展。

（二）训练四步骤

此技巧仍然运用于管理组训练发展、透过准备、呈现、试作、追踪之步骤提供经理人员阶段性需求之知识及技巧，只是其中的内容较服务员系统复杂了许多且具有多元化。

（三）训练班表

训练时间仍需要安排在班表上，因为训练小组每一个成员都有不同的职责，如果没有明确的班表，则训练根本无法进行。

（四）追踪考核

在管理组训练当中，追踪考核更为重要，因为不良的训练方式或缺乏追踪考核而使管理组所造成的错误会造成餐厅极大的损失。

虽然管理组发展计划较服务员训练系统复杂，但他们仍是基于相同的原

则。而透过这样的方法，我们确认它所呈现的结果最好。

二、管理发展手册

（一）管理组发展计划中，有阅读营运训练资料、视频、楼面下及楼面上的活动，还有设计的训练课程。为每一位经理人员提供绝对的资源协助，让他们非常了解如何去执行工作，并达到目标。

（二）每一位管理组阶层，都拥有一本配合本身内容的手册，其中都包含目标及行动计划，去帮助经理人员学习餐厅内新的工作职掌，当你完成了一本手册，内容并通过餐厅经理复核，接下来你就要参加训练中心所为你安排的适当训练课程，透过来自不同餐厅的学员，你会借由训练课室的机会去增加许多的经验分享，并加强你在餐厅所学到的东西。每一种课程后面都有必须进到餐厅内完成的“课后行动计划”这需要花费一些时间，去验证上课所学习的能否实际的运用在你的餐厅，并帮助改善餐厅的机会点。

（三）管理发展手册执行图表

管理发展手册	适用职别	手册内容	执行周期
第一册	实习值班经理	1. 人际关系、沟通、追踪技巧 2. 学习及训练工作站程序 3. 区域管理 4. 值班管理	3 个月
第二册	值班经理	1. 领导风格，委任授权、辅导、与顾客沟通值班管理 2. 服务员招募与保留提升营业额、值班时利润、每周盘存	3 个月
	实习店助	1. 服务员职前与二次简介、机器设备（Ⅰ） 2. 产品管理、安全管理 3. 服务员训练协调 4. “预估损益表”简介，组长训练发展，绩效考核及服务组激励、机器设备（Ⅱ）	3 个月

续表

管理发展手册	适用职别	手册内容	执行周期
第三册	店助	1. 进阶管理计划管理 2. Q. S. C. 章节 3. 人员章节 4. 营业额章节 5. 利润章节 6. 工具箱	4～6个月
第四册	餐厅经理	1. 管理交接 2. 目标和行动计划 3. 工作手册 4. 掌握管理 5. 领导风格与信赖 6. 标准设定 7. 计划与排班 8. 委任 9. 餐厅管理计划手册 10. 主掌：目标和行动计划 11. 工具箱：餐厅全方位营运工具	4～6个月

（四）管理组训练课程图表

课程名称	适用职别	适用标准	训练课程时间	课后行动计划执行周期
基本作业课程（B. O. C.）	实习值班经理	须完成管理发展手册第一册并经餐厅经理复核	3天	3个月
基本管理课程（B. M. C.）	值班经理	须完成管理发展手册第二册前半部，并经餐厅经理检定	4天	3个月
中级作业课程（I. O. C.）	实习店助	须完成管理发展手册第二册后半部，并经餐厅经理检定	4天	3个月

续表

课程名称	适用职别	适用标准	训练课程时间	课后行动计划执行周期
高级作业课程（A. O. C.）	店助或餐厅经理	须完成管理发展手册第三册，并经督导确认及检定	5天	3~6个月
实用机器课程（A. E. C.）	实习值班经理或值班经理	须完成管理发展手册第二册全部单元 须完成B. M. C. 课程	6天	2~3个月
附注： （1）训练地点： （2）课程名称解说： 基本作业课程 — Basic Operation Course 基本管理课程 — Basic Management Course 中级作业课程 — Intermediate Operation Course 高级作业课程 — Advanced Operation Course 实用机器课程 — Applied Equipment Course				

（五）管理组各级训练课程内容：

课程名称	天数	课程内容	
基本作业课程（B. O. C.）	6天	1. 课程简介	11. 完美的品质 —成品
		2. 自我介绍	12. 值班管理
		3. 期初测验	13. 餐厅实习
		4. Team Building	14. 人事管理
		5. 沟通（Ⅰ）（Ⅱ）（Ⅲ）	15. Team-Game
		6. 训练	16. Close-emark（Free Talk）
		7. 行动计划	17. 期末测验
		8. 全面顾客满意 — 服务	18. 迈向成功之路（管理改变）
		9. 餐厅安全	19. 毕业典礼
		10. 食品安全与卫生消毒	

续表

课程名称	天数	课程内容	
基本管理课程（B. M. C.）	7天	1. 课程简介 2. 自我介绍 3. 追踪卓越 4. 领导风格 5. 管理特殊状况 6. 面试与甄选 7. 认知/员工保留 8. 餐厅实习 9. 辅导	10. 时间计划 11. 期末测验 12. Close-Remark（Free Talk） 13. Team-Game 14. 服务员排班 15. 餐厅订货作业 16. 课后行动计划 17. 毕业典礼
中级作业课程（I. O. C.）	7天	1. 课程简介关系 2. 自我介绍 3. 改善工作表现之管理 4. 利润管理—工时成本 5. 训练—计划与执行 6. 利润管理—食品成本（Ⅰ）（Ⅱ） 7. 餐厅实习 8. Team Work	9. Team-Game 10. 基本冷冻法 11. 奶昔、圣代机 12. Close-mark（Free Talk） 13. Team Report 14. 与众不同 15. 期末测验 16. 毕业典礼 17. 课程后行动计划
实用机器课程（A. E. C.）	6天	1. 课程简介 2. 自我介绍 3. 期初测验 4. 小型机器设备 5. 基本冷冻法 6. 奶昔、圣代机 7. 万用饮料机	8. 煎炉 9. 炸锅 10. 餐厅实习 11. Practical Test-Trouble Handle 12. 期末测验 13. Close-Remark（Free Talk） 14. 课后行动计划 15. 毕业典礼
高级作业课程	14天	1. 课程简介 2. 认识同伴 3. 入学测验 4. 小组建立 5. 实验室竞赛	16. 讨论会 17. 思可福历史 18. 毕业典礼 19. 市场观摩 20. 晚宴/颁奖

续表

课程名称	天数	课 程 内 容	
高级作业课程	14 天	6. 有效人事事务（Ⅰ）（Ⅱ）（Ⅲ） 7. 利润 8. 招募与保留 9. 绩效评估 10. 参观总部及总公司 11. 有效管理实务（Ⅰ）（Ⅱ） 12. 应用管理实务（Ⅰ）（Ⅱ）（Ⅲ）（Ⅳ） 13. 参观第一家店 14. 提升市场占有率（Ⅰ）（Ⅱ） 15. 课程行动计划	21. 因人而治 22. 热汉堡大赛 23. Gold-Chicken 24. Award Select

三、管理组发展计划组成要素

MDPI

经理人员借由此手册按部就班学习工作站程序，因为这将传递给顾客印象深刻的品质、服务、卫生、它的内容包含了基本的沟通管理技巧，餐厅政策及楼面管理，当手册训练完成后被训练者将实地演练值班管理，并接受餐厅经理检定以确定其完成阶段训练工作。

B.O.C.

B. O. C. 课程主要是加强经理人员在 MDPI 中所学习到的知识与技巧，课程模式为实际动手及运用，让经理人员透过课程中安排的环境去实地演练，最后将课程行动计划带回餐厅执行、并能熟练的执行值班经理及改善餐厅楼面机会点。

MDPⅡ

第二册中介绍了经理人员更多的楼面管理，处理人际关系技巧及餐厅控制，将这些技巧加以糅合运用，可呈现给顾客最佳之品质、服务、卫生。手册中后半部更是管理中之精华，告诉你如何去管理门市中的人员士气，提升机器保养与简易修理，产品及物料的管理与控制，最终你将去接触到餐厅的损益平衡—利润章节，结果将会使自己的管理能力更为提升。

B.M.C.

在 B. M. C. 课程当中，将可透过课程中的内容去塑立本身之领导风格。而另外安排了订货与排班的课程，这会让你更能熟悉餐厅中的组别工作，且透过研讨的方式能提供更多不同的经验分享，这些都可配合着行动计划带回餐厅去适当运用，并提升餐厅生产力。

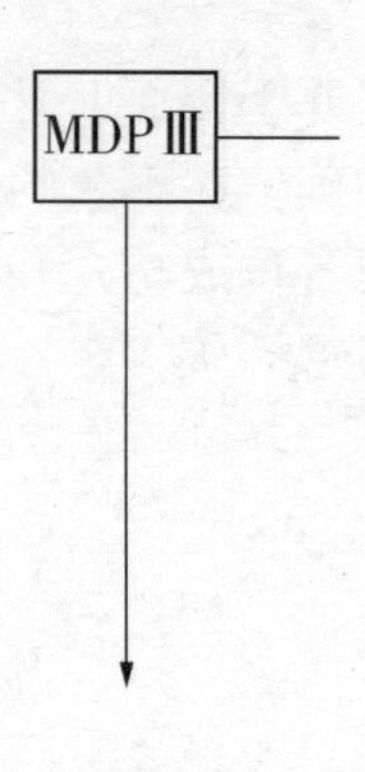

当你使用第三册时，这表示你已开始进入掌控一家餐厅的阶段，它将传授你如何去运用及改善 Q. S. C.，People Training，Sales Building，Profit control 四大项，当餐厅经理不在门市时，你将负起餐厅的责任，去正确的管理这四大项。当然这其中含运用阶段式的学习方式，将管理的技巧一步一步地传授给你，最终透过小组的方式去解决问题，并达成目标。手册中会提供许多单项管理工具去配合达成目标，这些管理工具将会在工具箱中呈现，经理人员可以多加运用，将可加速提升自己的管理能力。

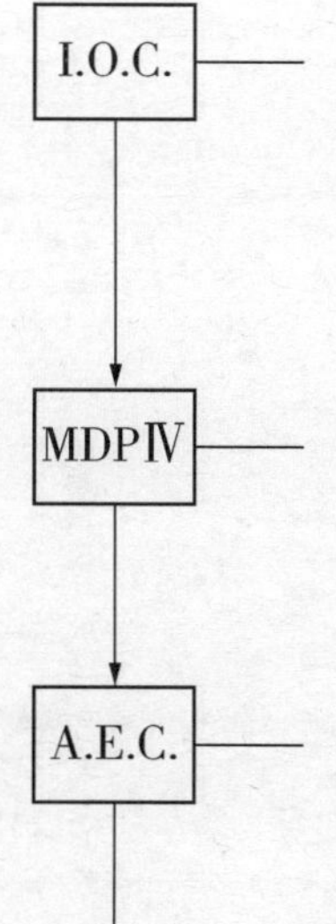

此课程将就第三册内容做更深入的延伸，透过更多资讯的交流，使四大项能均衡的在餐厅中呈现，其中将运用实习餐厅的方式去实际引导大家如何去管理与改善，借由这样的课程将可使经理人员在第三册中所学习到的技巧加以发挥，无形中你已提升了自己，并具备了担任餐厅经理的资格。

此手册中你将学习到全方位的管理技巧，其结合了第Ⅰ～Ⅲ册中所学习到的所有项目并加以整理归纳，堪称“手册精华”期望借由此手册内容能将餐厅的管理表现推向最高之境界。

A.E.C.

实用机器课程，无疑的是让你能就餐厅管理中最弱的一环做补强，它的设计将大大提升你对机器问题的解决能力，而如此更可提升餐厅之效能，结果将使成本降低，营业额提升、利润也随之达成目标值。

A.O.C.

这将是你在×××所接受的最后一个训练课程，由于其课程时间较长，内容也经过特别设计。希望达成的目的有三项：

（1）提升自我管理能力。

（2）培养及加强全方位市场观念。

（3）呈现公司目标与远景，加强起对公司之忠诚度。

相信在完成此课程后，你将对自己及公司充满信心，无畏的去迎接所有的挑战，我们在此预祝各位迈向成功之路。

四、结论

持续的训练及评估：

在任何一个阶段完成了手册或课程，并不代表你会立即升迁至下一个阶级。升迁的发生是根据餐厅组织的需求及个人的能力与表现，一旦完成了特定

的管理阶层训练，我们会期望你能主动，不断的练习—并实践，并于楼面上呈现最好之工作表现。楼面下工作考核提出具建设性之回馈。我们确信在不久的将来，当你肯定自我时，也是我们肯定你的时候，在此衷心预祝各位成功，并提供一句话供大家：彼此勉励！是你“想要”成功，还是“一定要”成功！

第十五章　餐厅会计作业

一、职责

（一）重点工作为计算账目及登录资料，餐厅账目作业须实在不虚假，随时账目清楚，以备餐厅经理查核。

（二）当日发生账目须当日冲销，不可产生呆账。

（三）严守职业道德，不可向他人外泄餐厅任何资料。

二、餐厅金库现金及有价证券账目说明

（一）收银准备金

此笔由餐厅准备、供应前线使用之“原始零钞”及兑换零钱之备用金。

每个钱盘建议人民币 300 元，根据各餐厅收银机之多少，调整“原始零钞”之份数（建议份数 = 收银机 * 1.5 ~2）。

“原始零钞”人民币 300 元建议明细如下：50 元 1 张、10 元 15 张、5 元 14 张、1 元 20 张、0.5 元 20 张。

（二）零用金

此款项乃供餐厅临时性购物支付用，须由干部向店长提出申请，填写请款单，经餐厅经理或当班资深经理核准后方可使用。

（三）废品出售

餐厅出售废纸板废油等之金额，不再列入福利金。由餐厅会计经办，餐厅经理监督，在餐厅经理确认后由餐厅会计将款项上交总部出纳处。因餐厅未将所售废品款上交的，由餐厅会计与餐厅经理承担相应的责任。

（四）营业额

餐厅销售收入，金额应与电脑销售报表之现金收入一致；每天由餐厅会计

存入公司指定银行账户。

（五）制服费

新进人员制服押金，由餐厅会计代收后，于当天交于公司出纳处，员工离职时餐厅会计将收据与离职书上交总部财务部，由财务审核后从工资中发放。

（六）零钱柜

用于补充收银备用金，零钞不足时可供兑换。保险柜现金总金额 3000 ~ 5000 元不等，根据餐厅营业收入的多少等因素核定。

（七）餐券

餐厅出售或用于进行商圈拜访、客诉处理使用的有价证券，由餐厅经理以签呈形式至公司财务处领取，餐厅会计保管并登记使用情况。

三、餐厅零用金请款程序

（一）零用金使用注意事项：

1. 餐厅经理权限内所购置应急的文具、五金等支出。

2. 当班餐厅经理可批准 100 元以内，超过 100 元以上支出需报督导核准后方可施行。

（二）零用金动用者：餐厅经理、当班值班经理、餐厅会计。

（三）零用金核准流程表：

会计—值班经理—餐厅经理核准使用

（四）餐厅零用金支出有不合理处，总部财务有权不给予报销，情节严重的可处罚款或警告。

（五）餐厅出现虚报销的，总部财务将对餐厅会计与餐厅经理处以虚假报销金额的 2 ~5 倍罚款，并报营运高管给予相应处罚。

四、餐券管理

"餐券"又称现金等价券，管理极为重要，其出入亦可当为现金出入一般，以下说明规范：

（一）餐券 VIP（贵宾券）、单项产品券等。

（二）餐券统一由公司发放与销售。

（三）餐券回收后由收银台一律撕角并统一交回餐厅会计处理，随同汇款单，收据一同交公司出纳作业。

（四）餐厅收银员收到餐券时需先核对是否背面有盖公司之餐券章，若无盖公司之餐券章，此餐券无效。

（五）餐厅会计须登记回收之餐券（类别、号码）并核对数量。

五、作业内容

（一）早班餐厅会计工作事项

1. 每日工作事项：

（1）每日上班时须核对营业日报，记录表，结账清单。

（2）向公司营运报营业状况日报表。

（3）准备“原始零钞”。

（4）每周交缴公司财会组之报告：营业记录表、营业日报表、结账清单附上作废收银条及下线条、员工餐统计表、成品用量日报、销售日报及收银机销售日报表。

（5）核对作废金额及作废收银条。

（6）清点昨日之营业额（10：00 以前存入银行或由指定银行至餐厅收款及缴款至百货公司）。

（7）零钞之兑换（一般情况由餐厅会计负责兑换，如需大批零钞等特殊情况则由公司财会组出纳统一兑换）。

（8）盘点金库（收银备用金、零用金、员工福利金、营业额、餐券）。

（9）前线零钞兑换，收银条，收银机印油或色带，收银机使用情况及补充。

（10）零用金支出之管理。

（11）发票之开立。

（12）随时支援营业现场。

2. 平时注意事项：

（1）每周六向公司财会组报销餐厅本周杂项支出，餐厅主管审核汇总表后，由公司财会组核对请款金额与发票之金额是否相符，其金额是否合理，若符合规定则予以拨补，对不符规定之报销单据，应将金额扣除后，予以拨补。

（2）餐厅及公司规定事项，公告均需由餐厅经理签字后方可公布与存档。

（3）送交公司之报表等均需餐厅经理签名后方可送至公司。

（4）例如假日之零钞事先备妥，若有困难，可以请公司出纳人员协助。每周于开会时须将会议记录记载至会议记录本上。

(5) 零钞之准备及收银条之存量须掌控稳定，不可断货。

3. 每月月初须注意事项：

每月 28 日 12：00 以前应缴至公司之资料如下：（须经餐厅经理签名）

(1) 优惠销售情况分析表。

(2) 餐券使用情况表。

(3) 员工餐饮月统计表。

(4) 营业状况月报。

(5) 计时人员工时、工资统计表。

4. 每月月底须注意事项：

(1) 填写并核对整月份之营业状况记录表，福利金账册，零用金报销汇总表。

(2) 核对作废发票明细表，明细表应于将发票送缴公司时一并附上。

(3) 填写零用金请款明细表，与现金账簿核对无误后，经由餐厅经理签核后，向公司报销请款。

(4) 每月 25 日前将文具申购单交至公司管理。

（二）晚班餐厅会计工作事项

1. 交接班时盘点金库（零用金、早班营业额）。

2. 准备收银员上线之原始零钞，下线清点收银现金。

3. 零钱分类及前线零钞兑换，收银条、收银机印油及色带。

4. 收银机之店单使用状况掌握及补充。

5. 随时支援营业现场。

6. 于 24：00 之前，将员工餐、餐券及成品损耗之种类、数量资料输入前台 POS 机。

7. 完成当日营业记录表。

8. 每日各线清账数量输入电脑档案，并列印收银机销售日报表。

9. 整理当日营业额及盘点金库无误后须再由晚班值班经理复盘签字。

10. 设定金库门锁及核对当天出勤情况与班表是否有差异，若有差异，即列出差异明细，由晚班资深经理查明原因后，会计输入其差异原因。

11. 填写当日营业记录表，作废发票明细表（收银条），收银误差统计表，促销统计表及营运状况记录表，并将营运状况记录表入电脑传至公司。

12. 保险柜关上后，必须将密码号拧乱。

13. 完成早班餐厅会计交代之工作事项。

六、发票管理

（一）餐厅出售产品以打收银条为主要凭证，发票为辅，故发票使用较少，每日开出之票额应低于营业额。

（二）发票之开立需由餐厅会计执行。

（三）发票使用完后由餐厅会计至公司财务处领取，领取时公司财务人员应审核餐厅每月使用发票之金额是否合理。

（四）有关作废收银条之作业如下：

1. 作废应立即请经干部签认方可生效。
2. 收银员于下线时，作废金额应和作废收银条相符。
3. 收银条作废之金额应列入餐厅管理要项。
4. 作废收银条须随结账单，定期送交公司财会组。

七、伪钞辨认处理

通常有两种方法，一是利用仪器检验；二是利用人工肉眼鉴别：纸质、颜色、手感、印刷品质、图案及字体、暗记、水印。

八、新进人员证件管理

新进人员交缴证件如下：身份证影印一份、学历证明、照片两张、健康证、工行账号。餐厅会计须将账号及身份证上详细资料如：出生年月日；身份证号码；户籍所在地；籍贯输入电脑档案。

第十六章 餐厅安全

安全维护是种态度，而且是会传染的，所以你对安全维护的态度将会变成你餐厅员工的态度。

所以你有责任要：

1. 为你的顾客和员工提供一个安全的用餐与工作环境。
2. 保护你餐厅昂贵的固定资产。
3. 防止你餐厅流动资产（如现金存货）的可能损失。

因此，“餐厅安全、保全政策”的制定非常重要，所有的员工都必须确实了解、遵守与执行。

切记，别以为没有安全问题的发生，即意味着不需要安全计划，通常最可能发生严重安全事件的餐厅，都是那些放松警戒的餐厅。

一、餐厅意外事件统计分析

统计状况如下表：

（一）员工被烫伤

区域	意外频率	严重程度
炸炉及热油	1	1
煎炉表面	2	2
烤面包机和面包铲	3	5
滤油	4	4
调制及传递咖啡	5	3

（二）员工因触碰而造成的伤害

设备	意外频率	严重程度
理货	1	1

设备	意外频率	严重程度
门	2	2
煎炉表面	3	4
保险箱的门	4	3
货架	5	6
面包机和面包铲	6	5

（三）太滑或太湿的地面

区域	意外频率	严重程度
煎区	1	2
后清洁区	2	1
服务区/得来速区	3	3
后区或地下储藏室	4	5
楼梯	5	4

（四）顾客摔跤、滑倒或绊倒

区域	意外频率	严重程度
大厅—地面湿	1	1
大厅阶梯	2	3
室外走道—结冰及下雪	3	5
用餐区—残余物	4	4
儿童游乐区设备	5	2

（五）而这些意外造成的可能原因及解决方法如下：

意外事件	基本原因	解决方案
顾客在大厅滑倒及摔跤	积水。未设立“地面湿滑”的标示牌	不断强调应立即将翻倒的水拖干净之重要性
服务员触碰炉面而烫伤手部	速度/使用错误工具	在训练及追踪考核时，必须对服务员强调正确的追踪程序，而不是速度
服务员卸货时扭伤背部	缺乏正确搬运货箱的常识，独自搬运过重的货箱	给予卸货人员有关安全搬运方法的指导，管理组须注意不良的工作习惯

意外事件	基本原因	解决方案
服务员因取出面包机内的面包拖盘，而烫伤手	面包托盘因弯曲或翘起	管理组必须每日检查所有设备的使用情况。如设备有损坏，服务员应立刻通知管理组
煎炉的排油烟道起火	油脂堆积。滤网装置不当	依照计划清洁排烟道。每周将煎炉拖出清洗背面部分，维护煎炉四周密合的部分

二、安全政策之声明

（一）安全政策之声明

要完成餐厅计划的第一步，首先要培养大家对安全相关事项之了解（例如：安全之重要性、公司支持安全计划的态度，以及每个人应如何负起安全的责任）。这段声明是整个计划形成之基础，同时也向服务员证明管理组对执行此计划坚定不移的信念。

“×××”的预防意外及财产损失，对员工、顾客的利益而言，与对营运作业的生产效率来说，是同样重要的，所以为了确保所有人的健康，我们必须执行且负责此一安全政策，以避免不必要的伤害及毁损。

（二）安全宣言

为了避免顾客、员工在本餐厅受到意外伤害及毁损，对餐厅干部而言，安全是首要的，没有什么工作重要到可以不安全的方法来完成的。

在安全计划中，最重要的部分便是你，你需要时时注意安全情况及相关规定，任何伤害及危急情况皆须向值班经理及餐厅经理报告。

小贴示：

安全宣言

________（姓名）负责执行餐厅安全计划

餐厅经理签名：________

＊注：此宣言可制成告示，公布于用餐大厅及员工休息室。

因安全与每个人息息相关，所以餐厅经理均须直接参与餐厅的安全计划，这不仅可使经理更了解情况，同时也让其他干部、员工证明自己对安全之重视，所以此安全计划的执行人选，不应是只交由“较有时间”的人执行，而应考虑下列条件：

1. 在别的工作范围内表现优异。
2. 具领导特质者。
3. 能维持贯彻一致的安全计划。

安全计划执行人，应定期与餐厅经理开会，包括在干部及员工会议中讨论计划之更新及执行之评估，如此可使全餐厅同仁对执行安全计划有共同的信念。

（三）安全检查表

此检查表可预防意外事件之发生，且需定期检查，如下：

小贴示：

安全检查表

1. 安全计划	2. 电器接头设备
3. 工作执行	4. 外围环境（含停车场、人行道）
5. 食物储存及冷藏	6. 垃圾桶及存放区
7. 食物烹调及调理区域	8. 急救箱
9. 天然煤气阀	10. 防火设备
11. 防火计划	12. 室内—用餐区、大厅厕区、地板走道及楼梯

此检查表每日检查一次，由一位干部及一位员工执行，检查结果应交由餐厅经理了解，在会议中将问题提出并讨论，拟定目标及行动计划。

另外，其他注意事项有：

（1）检查工作应谨慎计划，执行人员非常清楚餐厅中经常发生的危险状况有哪些。

（2）应将所发现的危险情况立即采取矫正行动，如果无法立即改善，则立即改用过渡措施，以减少意外发生的机会。

（3）应持续追踪正在改善中的行动，直到危险肇因消除为止。

三、意外的预防

（一）火警预防

如果发生大火，对顾客、服务员或是自己，都是极危险的；因此我们要正确的保养设备及建立有效的预防计划。

1. 火警分类，可以分为三种：

（1）一般易燃物：如木材、纸、布及不同种类之塑胶物；储藏区通常为起火点。

（2）液体、气体及油脂：起火点通常在厨房及维修区。

（3）运转中的电器设备：如马达、传动装置、变压器过热或短路。

2. 防火设备：

当火警发生时，不论使用何种设备，应注意：

（1）设备是否安装在适当的地点，且保持良好的使用状态；

（2）火势扩大前，可立即使用之；

（3）应由训练有素的人使用。

而灭火器最应安装在得来速区、煎炸炉旁、后区通道或储藏区；而合格的灭火器在巡视路线上应看得见、明显易取之处，并在清楚标示的固定物体之上。

在保养上，灭火器应每三个月详细检查一下，且每台灭火器都应有标签或附片，注明上次检查之日期、时间及人员姓名。

灭火设备一般有：手提式灭火器、倒提式灭火器、防火栓、动灭火系统、动洒水系统。

3. 防火设备的保养

（1）一般性保养：

a. 勿使用腐蚀性清洁剂于熔环上，否则久而久之，不是启动系统出了问题，便是后动功能受到妨碍。

b. 定期检查水管是否松动而妨碍水流，也须注意嘴口是否堆积油垢，以避免喷嘴口阻塞。

c. 定期查看指示器，以确保系统运作正常。

d. 每年至少应由特定的技术人员更换可熔环一次。

e. 保养卡应永久固定，并写明服务之年、月、时间、检查人员以及公司名称。

f. 根据计划保养手册，检查烹调设备的高温控制。

g. 更换磨损的风扇皮带，并将所有的电器设备接地。

h. 标明所有的断路器，在发生紧急情况时，才可切断正确的电路。

i. 在各区施行正确的安全措施。例如：勿使电路超载、不使用磨损的电线，等等。

j. 增加或重置烹调设备时，防火系统也须重新调整。

k. 确定所有的煤气设备都设有关闭阀，人员可以轻易地关闭开 关，并清楚知道其位置。

l. 喷水口应设于需保护区域的中央，并涵盖整个烹调区域。

m. 手动拉环，应设在明显的位置，并且标示清楚。

n. 定期检查煤气管，是否有损毁的迹象。

o. 在拔下任何煤气管之前，请先关掉煤气开关。

（2）抽风系统之保养：

a. 保持抽烟罩、油罐、油标、风管，以及连接墙壁之表面、和其他通道之清洁，没有油脂积垢。

b. 煎炉、炸炉应固定在其位置，使进入抽风系统之油烟，须先通过滤网，才排出。

c. 根据计划保养手册来清洗滤网。

d. 设备在进行温机时，便应开启抽风系统，以避免积热而开启防火设备。

e. 必须先将滤网归位后，才可开启抽风系统，否则过多的油脂会累积在煎炉罩及风管系统中。

f. 请勿阻碍空气吸入口的通道，以免减低抽风系统的效率。

g. 在容易引起火灾的区域内，请勿使用可燃溶剂或清洁剂。而且人为疏忽也极可能留下易燃残渣物，请务必小心。

（二）儿童游戏区安全

儿童游戏区最常发生伤害的情况是摔倒，比例高达59%，所以儿童游戏区，应提供柔软之着地表面，其材质有：有机松软物质、无机松软物质、压缩物质。

每天在开放游戏区前，应先检查区内物品的放置，不可与儿童等高，以免儿童摔跤、绊倒或被推挤而造成伤害（例如：挂衣钩、电灯开关、垃圾箱、长凳、椅子……）。

1. 游戏区设备安全检查表：

须每天早上检查（每天至少一次），且检查者须注明日期及签名，项目有：

（1）零件有无明显裂痕、弯曲或生锈。

（2）承轴、弹簧、支撑物有无变形、损坏。

（3）踮脚板有无破裂、松动。

（4）是否有易伤及人的尖锐边缘或尖刺。

（5）棒管突出的末端部分，应加护盖或塞子。

（6）是否有松动或外露的螺丝钉、螺帽或绞钉。

（7）碎/破裂或腐坏的木头。

（8）运转零件是否需润滑。

（9）扶栏、踏阶、承轴是否缺损、破裂。

（10）油漆斑驳脱落。

（11）有绊倒之危险情况。

（12）地面的材料损毁或松动的边缘突出地面。

2. 游戏区安全管理

（1）身体限制（例如：身高、体重）。

（2）注意游戏区儿童是否有父母亲相随一旁。

（3）当游戏区很多儿童时，应有接待员或服务员在旁提供帮助。

（4）游戏区应有张贴一张“安全规则”。

（三）滑倒与摔伤预防

1. 保持地板干净和干燥——如有产品，特别是饮料泼洒在地上，应迅速清理，拖地时一定要用“警示”标志。

2. 拖地尽可能不要太湿——尖峰时间扫地即可，待尖峰过后再拖地。

3. 用合格的清洁剂拖地，避免油垢堆积。

4. 铲除雪和冰——如果你位于严寒地区，要铲雪和刮除结冰，并在结冰步道上使用溶剂或铺沙。

5. 只穿鞋底和鞋跟的可防滑的鞋子（不可穿平面底的鞋子）。

6. 保持走道和鞋跟以免滑倒。

7. 确保服务员用走的，不要跑。

8. 冷冻库与冷藏库的步道要有踏垫。

9. 在餐厅入口和饮料站使用吸水海绵。

（四）烫伤预防

1. 预防要点：

（1）湿的炸篮——不可将湿炸篮放入炸油内，水和热油接触时变成炸油啪喳作声。不可在炸炉上方从袋内分装薯条。

（2）薯条装篮——薯条应依比例正确装篮，如果装太多（最少 1.5 磅），

炸油会溢出炸炉。

（3）倒薯条——将炸篮挂在炸炉架上倾斜滴油 5 秒再倒入保温盘区，不要从地板上越过。

（4）捞油渣——拿捞网在油槽内将油渣捞起，滴干炸油后再将油渣倒入丢弃桶内。

（5）满油线——开店前要确定炸油在满油线上。以免炸油泼散出来。加油时，一定要用金属链将固体油放入扎篮，再放入炸篮。

（6）滤油/换油——确定严格遵守以下的安全程序：

a. 要先关闭炸炉，使之冷却 20 分钟，滤油的理想温度是 49℃。

b. 要穿戴合格的安全设备：橡胶手套、橡胶雨靴、面罩和围裙。

c. 操作滤油机前，要确定滤油管很安全。

d. 要直接将滤油机放在炸炉前，确定喷头向着油槽。

e. 要慢慢将阀门打开，以免溅出。

f. 换油时，要将废油排入合格的加盖金属桶内。

g. 排完油后确定盖子要旋紧。

h. 要等炸油凉了以后才能移开废油桶。

i. 不可将废油排入塑胶桶内，如酸黄瓜桶或溶化的桶。

2. 紧急措施五步骤：冲、脱、泡、盖、送

（1）冲——将烫伤部位用冷水冲洗 2 ~ 3 分钟。

（2）脱——用剪子将烫伤部位衣服剪开。

（3）泡——将烫伤处置于冷水中浸泡。

（4）盖——用干净的毛巾覆盖在伤口上。

（5）送——及时送至医院作进一步治疗。

（五）预防抢劫

（1）抢劫之定义：使×××员工安全受到威胁，而后可从其手中抢夺到财物或金钱。

（2）抢劫之预防：

a. 存钱：每天都将前一天的收入拿去存起来；且须以不同的人员、路线及交通工具去存。

b. 钥匙：只准管理组使用，并须登记，若有遗失马上更新。

c. 大厅：于大厅用餐区、柜台皆装设监视器，以便录摄可疑人物。

d. 照明：须明亮，尤其夜间，可防歹徒藏于阴暗处。

e. 开店、打烊：间隔法，可防歹徒乘隙而入。

f. 管理组异动：须更新保全手册名单、紧急联络档案、保险箱、密码及收回餐厅钥匙。

（3）遇劫的应变：

a. 保持镇定，歹徒要什么都要听从，不要抗辩，也不要犹豫。

b. 在不会有危险的情况下，可以试着启动专摄歹徒的照相机或摄影机。

c. 仔细记下歹徒的特征：例如衣着、口音、身形、容貌；也可请其他顾客协助指认。

d. 观察歹徒逃走的方法及方向：使用什么交通工具（车牌）。

e. 歹徒离去后，立即通知警方，督导，并将所有员工留在餐厅内，直到上级指示为止。

f. 若发生武装抢劫，则立即关闭餐厅，要求所有目击者都留下，直到警方来，若他们坚持离去，则请他们必须留下姓名、地址、电话。

g. 尽量保持罪犯现场完整，指纹、血迹、毛发等物品，不要让任何人碰触。

h. 充分与警方合作：告诉警方，×××一定遵循法律规定，员工也一定会在必要时接受警方询问或出席法庭。

i. 若有财务上的损失，仅能告知公司经理，千万别将损失数具体告知警方，请表示正在整理及计算中，以防被新闻媒体夸大渲染。

（六）预防偷窃

（1）偷窃的定义：指在一个隐蔽的环境或情况下，在一个未被保管的地点将财务拿走的行为。

（2）偷窃的预防：

a. 储藏区上锁：所有员工进入储藏区，必须持用钥匙，办完事后再归还，一旦发现钥匙遗失，须立刻更换。

b. 个人财务：×××一概不负责员工在餐厅内财务的遗失；个人的贵重物品，不应带到餐厅来，若不得已，则应做妥善的保管，或交给管理组人员暂寄保险箱。

c. 昂贵设备：应妥善保存，并确实上锁放在储藏区内。

d. 强调政策：让员工明确公司政策，凡任何偷窃被抓到，会被立即解雇及起诉。

（3）偷窃事件的处理方法：

a. 尽可能将窃贼拘留下来。

b. 尽可能查出窃贼的姓名、车牌号码……

c. 通知警方。

d. 要求目击证人留下。

e. 如证人坚持离去，须留下其姓名、住址及电话号码。

f. 目睹犯罪发生的员工，应分别记下目睹过程。

g. 事件发生时，应立即知会分公司经理（督导）。

（七）预防盗窃

（1）盗窃的定义：指窃贼乘机在公司非营业的时间内，强行进入并窃取财务。

（2）盗窃的预防：

a. 夜间把后门灯打开后，可打消窃贼进入的念头，因窃贼不喜欢被看到。

b. 将厨房灯打开后，若窃贼进入，可帮助警察发现其在室内的动静。

c. 天花板也要亲自检查、并用铁扣或锁将之锁上，以防窃贼从天花板进入。

d. 另外，要将通往屋顶的梯子收好，并覆盖上锁。

e. 此外，警报系统的设置也是一种方法。

（3）盗窃的处理：

a. 当发现餐厅有盗窃情况，最紧要的是不可移动现场任何东西，直到警方前来检视后。

b. 如果尚未开店即发现餐厅有遭盗窃迹象，千万不要进入，因窃贼可能尚藏在内。

c. 接着，电话报警，并远离餐厅但监视之，直到警察到达。

d. 不要向警方透露餐厅损失，若不得已，请告诉分公司经理。

（4）对新闻媒体之处理：

a. 关于所有新闻媒体的询问，必须委婉、迅速地加以处理。

b. 留下记者的姓名、电话及他们是哪里的代表。

c. 可能的话，记下一些他们发问的问题，或是他们需要的那一方面的资讯。

d. 告诉记者你将会尽快派人回复他们的问题。

e. 接下来立刻打电话给地区分公司经理，区协理，求助公司的公共关系部门，要求即刻的帮助。

f. 其他人则不可与任何外人谈论到当时的情况。这将确保新闻媒体接收到最精确的资讯，且避免产生逐渐扩大的谣言及不必要的恐慌，以至于对本餐厅造成长期的副作用。

第十七章　危机处理

一、危机定义

危机是指：企业经营进入成熟阶段后，可能遭遇的重大伤害事件。它的严重性包括：

1. 可能伤害企业品牌。
2. 完全意料之外。
3. 发生速度极快。
4. 引发媒体注目。

所以危机已非任何个人有足够经验或能力去单独处理，必须靠团队协调合作方能有效解决。

根据我们市场的经验，我们可能遭遇的特定危机事件将包括：

1. 食品异物。
2. 顾客疾病与意外伤害。
3. 员工疾病与意外伤害。
4. 犯罪事件。
5. 谣言。
6. 示威抗议。

餐厅经理面对危机的风险是：当你遭遇危机时，你恐怕还没有经验，或很难用先前的经验，去做最适当的判断处理，以致延误或错失解决的良机。

二、危机处理应变系统

希望通过学习，使餐厅经理具备前瞻的眼光、完整的共识、突破的策略和有效的沟通，在危机处理上抢得先机，赢得胜利。

1. 面对危机第一步：

(1) 保持冷静：

保持冷静的态度，并以平稳的语气向外对话，可舒缓餐厅服务人员、媒体

及危机事件的紧张情绪。

（2）搜集资料：

a. 在最短的时间内，搜集所有的正确资讯，以协助你尽快寻求适当的协助，并拟定正确的对应策略。

b. 搜集以下的资讯：

■ 在什么时候发生了什么事？

■ 人员波及范围（顾客、员工、防疫站等）。

■ 确认地点、联络电话、服务人员、餐厅服务人员、餐厅经理等。

■ 媒体是否在现场采访或通过电话询问？他们的需求是什么？

■ 尽可能与掌握第一手正确资讯的餐厅服务人员确认所有的资讯。

（3）及时通报：

你必须马上知会你的公司经理。

（4）需求协助部门：

你可得利用一些公司外部的资源，以争取有效的处理危机时间。最快解决问题的方式，是有人可协助你部门，直接与其取得联络。你可以向公司相关部门取得联系并取得支援：例如，设备组、开发组、工程组、管理组、研发组、企划组。

2. 面对危机的处理：

（1）应该做的：

■ 保持冷静——行动从容不慌张。

■ 搜集所有相关资料。

■ 与公司主管合作，并随时向他说明最新的状况。

■ 寻求总公司相关部门的协助。

（2）应该做的：

■ 保持友善、诚恳与冷静的态度，确认媒体及记者的身份。

■ 争取时间——以寻求协助并进行必需的准备工作。当媒体来访或来电时，你可以告诉他们你现在无法立刻授受采访，请他们留下联络电话，公司会尽快与他取得联络。

■ 搜集资讯——记录来访媒体记者的姓名、联络电话、采访主题与截稿时间。

■ 与你的分公司主管联系。

■ 与公司企划组联系。

（3）不应该做的：

■ 在未向分公司主管或公司企划组寻求协助之前，就直接回答媒体的

问题。

■ 告诉记者，你需要得到公司主管或公司的允许才可以发言。

■ 在未获得公司允许的情况下，让媒体拍摄或访问餐厅内的顾客和服务人员。

■ 让媒体进入柜台和厨房，对我们的食品安全、清洁卫生及保全造成影响。

（4）面对媒体的处理原则：

面对媒体突然或尖锐的采访，连专家都很难应对妥当，更何况是普通人。“面对媒体十大守则”教你最基本的概念，要从平时就谨记在心，临时才能灵活运用。

a. 保持冷静，争取时间，善做准备。

b. 勿使自己变成被报道的一部分。

c. 学习委婉说话的艺术。

d. 切勿轻易议论，以免成为新闻话题。

e. 使自己成为代言人。

f. 不要对反面题材反应过度。

g. 设法适当修正不正确的消息。

h. 坚持寻找正面新闻角度。

j. 切勿与媒体争论。

请注意：每次你对媒体讲话，都等于是一个重大的企业决定。

面对媒体时：态度尽量正面、亲切、友善，但绝不能给予你无法实现的承诺。

3. 食品异物的处理：

如果有顾客宣称，他在的餐厅食品中发现异物，这个消息通常会吸引当地、全国性、甚至国际媒体的注意，因此所有与食品异物有关的事件，都请你尽快通知你的分公司主管及公司各相关部门。

（1）应该做的：

■ 确定该位顾客受到妥善的照顾。

■ 保持有礼而主动回应的沟通态度。

■ 在可能的情况下，确定餐厅以获取该项产品或部分的产品，作为存证检验之用。

■ 确定餐厅已将该产品放进冰箱单独存放，并贴上清洁的标签，以免它被再度售出或丢弃。

■ 汇集所有有关这次事件与产品的资料，包括人、事、时、地以及事件发

生的经过。

■ 当事件与媒体记者有关；有可能为媒体报道的事件；具有威胁性的；因多重原因引起的食品异物抱怨；对顾客健康造成严重影响时，都应立刻与你的公司主管联系。

（2）不应该做的：

■ 允许媒体在餐厅内进行拍摄，或采访餐厅内的顾客或服务员。

■ 在滑确定掌握相关的正确资讯之前，就假设问题发生的原因。

■ 在未向公司主管或总公司企划寻求协助之前，就接受媒体的访问。

■ 丢弃问题产品。

（3）食品异物的处理原则：

a. 尽快与你的分公司主管联系。

b. 在可能的情况下，向顾客取得该项瑕疵产品或部分产品，存放在冰箱内，并暂停供应有问题产品。

c. 询问在场员工，以了解事件过程，并填写餐厅事件报告单。

d. 知会总公司企划组公关沟通部门、研发组与管理组。

e. 视情况需要，联络辖区公安局及卫生局。

4. 顾客疾病与意外伤害的处理：

最重要的事，就是将具有新鲜品质的食物提供给顾客，因此任何与食品安全有关的事情，都不可以被忽视，以下提示的每一个工作步骤，都应该被切实而谨慎地执行。

（1）应该做的：

■ 确认顾客已经受到妥善的照顾，以免情况加重。

■ 尽快汇集真实正确的相关资讯。

■ 确认以下的问题：

a. 顾客购买食品的确实时间？

b. 顾客食用食品的确实时间？

c. 顾客究竟食用了那一项食品？

d. 顾客食用食品的确实地点？

e. 顾客何时出现疾病的症状？

f. 顾客的疾病症状是什么？

g. 顾客是否与购买地点的进行联系？

h. 现在状况是什么？

■ 与总公司进行电话联系以取得协助。

■ 餐厅管理组应该将来电询问者的姓名与电话记录下，转交餐厅经理或公

司处理。

（2）不应该做的：

■ 假设这个危机会自动消失。

■ 在没有确定掌握相关的正确资讯之前，就假设是问题发生的原因。

■ 在获得总公司企划组的协助之前，就和媒体讨论相关的话题。

■ 允许媒体在餐厅内进行拍摄，或访问餐厅内的顾客或服务员。

■ 允许餐厅管理组人员与其他人谈论相关情况。

（3）顾客疾病与意外伤害的处理原则：

a. 所有顾客疾病事件，都应立刻通知公司相关部门。

b. 将有问题的产品妥善保存，留待检验。

c. 检查餐厅的所有设备，和过去的相关档案记录，以发现任何潜在的问题或危机。

d. 会同公司，接受主管机关人员来访，准备工作包括：同类食品的受检设备及制作程序，和检查书面文件记录等。

e. 与餐厅服务人员进行沟通。

f. 所有的顾客抱怨中，如果说涉及媒体，可能成为媒体报道主题；如果是传染性疾病，与医疗机关有关，若是因食物而产生的顾客疾病事件，请你立刻与公司企划组联系。

g. 在总公司企划组协助下，处理媒体采访的要求。

5. 员工疾病与意外伤害的处理：

当我们的餐厅服务人员发生疾病或意外受伤时，我们应立即采取应变行动，并将之视为我们的责任。我们应该立刻尽快将该名员工带离餐厅，送到医院或其住宅，以保障该名员工与其他员工和的安全。

当你知道有服务人员发生疾病，同时牵涉媒体与流行性过敏疾病及医疗单位，或因食品引发的中毒或死亡事故时，请立刻通知你的公司主管、公司管理组与企划组，尽快寻求协助。

（1）应该就以下问题，汇集正确资讯：

谁：谁受伤或生病了？谁与这个危机有关？仅有一人还是许多人？尽快收集并纪录重要联络人的电话、包括主管机关、医院医生与卫生局等。

什么：那一种疾病？它只发生在一个人身上还是整个社区的问题？这种疾病症状已经是医师诊断的吗？

地点：这个状况是在什么地点发生的？

之后，通知公司主管。

（2）不应该：

■ 允许媒体在餐厅内进行拍摄或访问餐厅内的顾客或服务员。

■ 在没有确定掌握相关的正确资讯之前，就假设问题发生的原因。

（3）员工疾病与意外的处理原则：

a. 联系你的公司主管。

b. 确认该员工已到安全的地点，并受到妥善的照顾。

c. 与公司的管理组联系。

d. 与餐厅服务人员进行沟通，并采取必要的预防措施，如进行消毒或预防注射等。

e. 在公司企划组协助下，处理媒体采访的要求。

6. 犯罪事件。

犯罪事件的情况非常复杂：有可能是歹徒在我们餐厅放置炸弹，因而引起恐慌或伤害；也有可能因为产品或服务问题而要求巨大金额的勒索等。

犯罪事件需要立即加以处理，记者们的消息都是相当灵通。所以一有犯罪发生，他们大多立刻会接到通知，甚至比警方还要早抵达事发现场，使你难以应付。

（1）应该：

■ 与公司主管取得联系。

■ 汇集所有相关的资料。

■ 确保公安单位接到通知。

（2）不应该：

■ 允许媒体在餐厅内进行拍摄，或访问餐厅内的顾客或服务员。

（3）犯罪事件的处理原则：

a. 最高原则是以人为本，也就要注意维护你们餐厅人员安全。

b. 首先检查摄录机是否正常工作。

c. 根据事件发展，随时对公司主管报告最新状况。

d. 在对顾客进行沟通时，餐厅经理的发言内容必须限于授权范围之内。

e. 与当地的政府机关密切配合。

f. 与公司管理组共同进行员工及家属的沟通。

g. 在公司企划组的协助下，处理媒体采访的要求。

7. 谣言的处理：

谣言不止会影响一家，还会影响该区和全国的，所以你一定要马上采取行动，因为谣言是不会自动消失的。辟谣需要时间与坚持，你一定要掌握每个可以对顾客与员工进行说明的机会。从经验法则与处理谣言的实际经验证明，这些方法确实可以消除谣言。

（1）应该：

■ 假设这个谣言会自动消失。

■ 假设谣言并不如想象中的严重——你错了，它还会继续恶化下去。

■ 在获得公司企划组的协助之前，不谈论相关的话题。

（2）谣言的处理原则：

a. 谈论谣言，会使他们继续流传的更就；以为谣言而产生的困境，可能也会持续很久。

b. 向你的公司主管与公司企划组寻求协助，共同发展应变工作计划与步骤。

c. 对顾客、社区团体、媒体及餐厅服务人员，进行必要的沟通，让他们知道你对与处理辟谣的积极与努力。

8. 示威抗议的处理：

餐厅已成为示威者提升消费意识的明显目标，所有示威者的目的都以为抗议对象，来创造媒体曝光率，让更多人知道，如果你的餐厅发生了这样的示威抗议的话，请立即采取行动！

（1）应该：

■ 尽可能的汇集有关示威抗议者的资料，及活动诉 的目的。你可以参考他们散发的传单和手册。

■ 向你的公司主管寻求帮助。

■ 在对外界进行沟通时，餐厅经理的发言内容必须限于授权范围之内。

■ 在公司企划组的协助下，立即拟定一份相关说明，以回答顾客的询问。

■ 餐厅服务人员的对应态度，应保持有礼而友善。不要表现反抗的态度。

■ 随时观察活动发展状况，以收集最新资料，向公司主管报告，并拟定对应策略。

■ 立刻向公安报案，当事件恶化时可以立刻得到公安的协助。

（2）不应该：

■ 让示威抗议者封锁餐厅的入口中，或干扰餐厅内的顾客用餐。

■ 允许媒体在餐厅内进行拍摄，或访问餐厅内的顾客或服务员。

■ 在未来向公司主管或总公司企划组寻求协助之前，就向媒体表示你的意见。

（3）示威抗议的处理原则：

a. 随时向该区负责人及分公司餐厅报告最新情况。

b. 在现场提供机支援。

c. 视情况需求与顾客和员工进行沟通。

d. 在公司企划级的协助下，处理媒体采访的要求。

第十八章　接待员培训手册

欢迎你加入接待员的行列，这可是一个很有趣同时具有高度挑战性的职位。当你全心全意投入工作时，你将发现所获得的超过想象。如果你对这对这说法有些怀疑，那么学习→实践 →体验→学习→实践→体验，会让你得到答案。学习手册编写的目的便是让你有系统地经过“学习→实践→体验”的历程。希望你能在辅导人（L. S. M 负责人）及小师傅（餐厅接待组长）的安排引导下，顺利完成训练，成为一位“乐在工作”的接待员！

接待员工作的学习是结合两种方法来进行的。一种是课室训练，一种是工作中的学习，工作中的学习由此本学习手册来做辅助指引。

注：LSM（是英文 Local Store Marketing 的英文缩写，中文含义是餐厅促销活动或者市场活动）

一、工作认识

作为一名优秀的接待员，不只是微笑着面对顾客，还要运用充分的专业知识服务于顾客，使顾客得到 101% 的满意。其中，服务区工作站是接待员学习的重要内容之一。

唯有通过一定的练习，才能使你了解我们各种产品的制作程序，掌握回答顾客疑问所需的知识，对以后“店内参观”等接待员工作提供良好的基础。

当你完成这个主题后，你将具备以下能力：

（1）了解各产品的制作流程。

（2）掌握服务区的工作内容，并通过检定。

（3）能说明顾客抱怨的处理方式。

二、快乐的接待工作

面对即将正式展开的接待员工作，你一定又兴奋、又迷惑。在学习工作站的这些日子里，你看到其他接待员忙进忙出的身影，一会儿在大厅服务顾客，一会又在整理着促销活动的用品……到底接待员的具体工作，应该是些什

么呢？

当你完成这个主题后，你将具备以下能力：

（1）能说明接待员的主要工作责任。

（2）对于在工作中应该具备的基本人际关系与礼仪有认识。

1. 建立良好印象的开始。

当你刚刚开始在餐厅工作时，你会经过一段调整和适应的时期，也许在心情上很紧张，也许在体力上也有些跟不上。因为工作程序的不熟练，甚至你会觉得自己笨拙。不用担心，这些状况是每一个刚加入这份工作的人都曾经历过的，你的伙伴也是过来人，都能理解。随着练习与投入，你会有进步，但是有些行为表现却是对于你建立日后良好的人际关系，有很大的帮助。

（1）要有信心。

信心让自己有能力再学习。

我们的训练不只是在技能上的，也包括先进观念的传授，不要害怕发问，掩饰无知的人是永远无知的。没有人是全能或者不犯错，而关键点是在于知不知道自己的不足，以及能不能在错误中吸取教训，总结经验。

“技能”经过反复的练习是会熟练的，而“观念”的学习则需要能抛开成见与旧包袱。“你”是使自己成功的关键。

（2）责任心。

你的成功是与你的主动付出与责任有绝对关系的，责任心将反映在以下的行为中：

视自己是餐厅团队中的一员。

随时关心并维持餐厅的品质、服务、清洁的表现水准。

注重团队的表现，协助伙伴。

自我督促，努力学习，使每项技巧都熟练。

相信自己正在进行的工作是值得的。

重视其他工作伙伴的价值。

关心顾客。

（3）建立基本人际关系。

我们是餐饮业、我们是服务业、我们是“人”的行业。

不论是工作伙伴或是顾客，每天都有成千成百人在餐厅中交替出现。如何在这么大量与迅速的交往中维持一个和谐的气氛，并且与伙伴建立互信互重的团队关系，不是一件容易的事，但以下待人接物的基本技巧会使你的工作更容易进行。

①微笑——照照镜子，你会发现真诚自然的笑容使你看起来比面无表情更

和善，更有精神，也显得更聪明一些，并且当你对别人笑时，大多数的人也会回应笑容。这种互应的关系会使工作变得更有趣。

②记住对方的名字——当你称呼对方的名字，而不只是“喂”时，他会感受到你对他的重视，无形中也建立了别人对你的好感。

③主动打招呼——一句亲切的问候“早”“您好”能缩短彼此的距离。不要退缩、害羞，把握机会，养成主动招呼的习惯。

④请，谢谢，对不起——这是基本礼貌，不习惯说“请”“谢谢”“对不起”的人，在服务业是不会成功的，尽快养成好习惯。

⑤目光注视——在打招呼与交谈时，目光注视对方，可能显示出你的诚意。如果别人在与你谈话时，眼睛不看着你，你会怎么想？……“瞧不起我么？”“我很丑么？”“你有心事么？”

⑥主动地交谈——利用休息，用餐的时候，你应该主动地与伙伴们聊聊天。这可以帮助你对服务员有更进一步的认识，也更早融入这个快乐的大家庭。

以上是几项方式总和的结果，便是表达出对人尊重态度的基本行为。人是互动的，如果你不表示，别人不能感受到你的尊重，也就难以建立对你的尊重了。尊敬别人的人，同样会受到别人的尊敬。正像站在镜子面前一样，你怒他也怒，你笑他也笑。

（4）良好的团队精神。

如果在一个团体中有自私自利和强调自我风格的成员存在的话，团队精神就会被破坏，工作也很难有进展。所以要圆满达成一项工作，就要有团队合作精神。培养团体的默契，使接待员工作更顺利，要注意以下三点：

①融和与协调：

大部分工作都是越多人互助合作越容易完成，如果存在“只要有我一个人就好了”或是“那家伙我不喜欢”的态度，团队精神就无法发挥，所以我们要以融和及协调的态度与工作伙伴们建立起彼此的默契。特别需要注意的是：值班经理会对任何时候的营运状况全面负责，你必须随时与他（她）保持沟通。在他（她）的指导下，你才能在这个团队中发挥最大的效能，你的完美表现会使营运增色许多。

②不要过多地强调自我与冷漠：

“你这样不对，应该如何如何……”强调自我主见的说法，容易得罪对方，同样，“你是你，我是我！”的态度也不对。工作忙碌时如果能互相帮忙，轻声问一句：“需要我帮忙吗？”就会让我们的工作处处充满着温馨的气氛。在同事面前说人闲话或造谣中伤他人是绝对禁止的。

③情绪的控制与调整：

餐厅是工作的地方，要有冷静判断的态度，工作才能顺利地进行，工作若被情感左右，将无法依计划推行，所以工作时不要将自我情绪带入到工作中，不要因为“家里发生不愉快的事”等而影响工作。

2. 工作场所的基本礼仪：

作为一名接待员，与人的交际范围将会日益扩大，纵然与他人有年龄的差距及立场、价值观的不同，也应时常设身处地考虑对方的立场。如果不了解适当的礼仪，可能使周围的人感到不悦。

当你因工作与人接触时，你要有并非代表个人而是代表整个公司形象的认识，特别要重视礼貌、礼仪，并逐渐养成良好的习惯。

我们应展现的礼仪：

（1）精神饱满地打招呼。

（2）与人交谈遣词用句要亲切，答话时要言辞清楚而明确。

（3）穿整洁，标准的制服，并适当地修饰。

（4）随时注意姿态大方，语言文明。

公共场合的礼仪：

（1）站在门边时，可随手为顾客开门，并亲切微笑表示欢迎及问候；经过走道要互相礼让，在店内与顾客相遇应让顾客先行。

（2）不可大声说话，交谈时也要留心话题，不要说负面的话。

（3）不可公私不分，物品使用兵中务必保持原状，物归原处。

小贴示：

经验访谈

接待员的工作多姿多彩，如果想做得更杰出，就必须由别人的经验中学习好的方法。还记得“三人行，必有我师”吗？经验访谈的学习方法在工作、学习中随时会用到，而在手册的学习中，它将使你的学习更准确，更丰富。在这些学习中，你需要结合资料阅读、工作中的体会、个人的思考，做出“你的回答”；然后主动约小师傅或辅导人针对学习中的困难进行讨论。相信你会在讨论中发现更多的“智慧的火花”和“经验的结晶”，请仔细记下在你的手册中，经由工作的深入，转化为自己的技能，它们会使你的工作更完美。

小贴示：

经验访谈的方法和提示

充分的准备：

（1）了解自己希望学习或掌握哪些问题，以便访谈时目的明确。

（2）提前了解被访人的班表，以便确定双方合宜的时间。

（3）预估访谈可能需要的时间，提前告之被访谈人。

（4）带上小工具——笔和笔记本，以便及时记下对方的宝贵经验。

愉快的过程：

（1）遵守时间约定。

（2）怀着礼貌诚恳的态度，仔细聆听。

（3）当别人对你提出建议时，你应该想到这会协助你提升工作品质，而不要给自己设理由辩解。

（4）提一些开放式的问题，以便对方讲得更深入。

例如：A 你是怎样与服务员和管理组建立起一种良好并有助相互尊重的关系的？

B 在你的工作经验中，曾遇到的最大困难是什么？你是如何解决这个困难的？

C 在执行 XX 工作时，最需要注意的是哪些步骤？

有效的小结：

（1）仔细记下对方的重点。

（2）访谈结束后，请仔细整理受访人的经验，以便加深记忆。

（3）别忘了，说声“谢谢！”

学习过程中，“动手做”是最重要的部分，因为它决定了你对这项活动的了解与认知程度。每天上班开心地主动与同伴及顾客打招呼。

三、餐厅小管家

Hostess 在英文中除了是指接待员外，还有女主人，女老板的含意。而事实上一名优秀的接待员在大厅招呼顾客时，也正像是一个家中主人在接待客人。这种心态会使你的工作更自然亲切，也更有成就感。

要将服务顾客的工作做好，不是一件容易的事，需要注意到许多细小的环节，身为接待员的主要日常工作便是协助经理人员将这些环节更精致化。在这个主题中，我们将学习这些工作要领。

当你完成这个主题后，你将具备以下能力：

能说明与顾客交谈的重要原则。

了解餐厅内广播与音乐的管理方式。

了解餐厅小礼物的种类与库存管理方式。

能说明在大厅进行服务工作时，如何与值班经理配合愉快。

能说明在日常行政工作及沟通中要运用哪些工具。

当你阅读资料时，请事前征求值班经理的同意。学习手册资料有：关怀顾客；餐厅播音的注意事项；小礼物的管理；值班经理的好帮手；认识小工具。

1. 关怀顾客。

我们的生意是在食品的卖出中建立下来的，所以我们服务的每一位顾客，对我们来说都是重要的人物。当他们愿意一而再，再而三地光顾×××消费时，便是向我们传达一个讯息："他们是多么的喜爱×××所提供的产品及支持我们的工作成果，甚至他们还会向他的亲友推荐。"对此，我们应该心怀感谢。根据调查，当一位顾客感到满意时，他会告诉4~5个人，但一位顾客不满意时，他会将不愉快的经验告诉10甚至20个亲朋好友。这对公司长期的发展影响至为重要。请记住，顾客未必永远是对的，但是我们处理的态度与方法不对时，便是我们的不对了。

顾客的需求是什么？

101%的顾客满意是什么？这个问题并不复杂，其实在你心里已经有了一个相当明确的概念。因为你就是一个顾客，当你每次买东西或到外面餐厅用餐时，你所期望得到的优质产品和优质服务，便是你的顾客所期望得到的，身为专业服务人员的首要职责便是满足顾客的期望。

顾客希望真正被当作"人"看待。

尊重的态度是最重要的。

有些服务人员是如此匆忙地提供快速服务，以致忽略了卓越服务所包括的更重要的部分；他们把话讲得那么快，以致顾客不能理解他们所说的内容是什么；他们把问候语说得那么僵硬和冷淡，以致顾客以为面对的是一个机械人；他们不进行目光的接触，因为他们认为浪费时间；而且他们不微笑，因为他们根本没有看到对方存在的重要性。

讲话清楚，进行目光接触，态度亲切等等服务技巧并不会占用更多的时间。而匆匆草率地与顾客应对，更可能造成差错，或更大的损失。

你代表公司：

有些面对顾客的服务人员认识不到他们留给顾客的印象恰恰是×××迈向成功的基础。每个与顾客接触的员工都应该懂得；自己在顾客眼中代表的是×××。试想一下：

■ 难道你不以商店店员的工作态度来判断商店的好与环吗？

■ 当你打算到一家餐馆用餐时，迎面出来一位衣着肮脏的服务员，你会不

会考虑到这家餐馆是否清洁、安全、可靠？

记住，在任何企业中，直接与顾客接触的员工的表现将直接影响到公司的形象。人们从服务于他们的员工身上可判断出公司的管理情况。因此，不管在哪里，只要你直接面对客户，公司的名誉就在你的手中了。记住，在顾客眼中你就代表着公司。

当你穿着制服在大厅走动时，顾客看你的眼神便有不同，你不再是一般的人，你是可以照顾他们，为他们解决问题的人；你与服务员也不同，因为你们的穿着不同，顾客会提升他们对你的期望。而你要多观察顾客的需求，在他们没开口前，便将服务做到。例如：

当顾客皱着眉对着食物摇头，表示可能是对食品有意见。

当顾客张着双手，两眼到处看时，可能表示他需要擦擦手。

当顾客在大厅走来走去，东长西望，他可能在找人，也可能是需要找洗手间。

当顾客双手紧抱双臂，缩起脖子，可能表示他很冷。

当顾客聊天，拉直脖子、放大嗓门，可能是音响声音太大了。

顾客用种种方式表现出他们的需要，你都可以立即上前提供服务，或主动询问，改善情况，这些都会令顾客印象深刻，更加满意。

与顾客交谈：

透过与顾客的主动交谈，你会得到很多他们对餐厅的宝贵建议，也会建立起与顾客友谊的桥梁。

主动交谈时要注意的重点是：

（1）不要打扰正在用餐，或聊天的顾客。

（2）用愉快，轻松的语气，用多样的方式（例如说：嗨，用餐愉快吗）。

（3）对顾客的建议表示谢意，不要辩解（例如：谢谢你的建议）。

（4）当顾客对产品或活动有兴趣时，用耐心及活泼的方式为他们讲解。

（5）对选购品尝新产品的顾客，主动询问他们的评价。

（6）保持适当的谈话距离，不要使顾客感到压迫感。

（7）不要占用顾客太多的时间，也不要因为与同一组顾客聊得太开心，而疏忽了照顾其他客人。

（8）有些时候，你可能要做一些活动调查或意见搜集，尽量记住问题。避免在顾客面前用调查表、纸张记录客人的谈话。如果非不得已尽职尽责要事前征询顾客的同意（例如说：我可以记下您的建议吗？）。

（9）当你得到顾客对餐厅的建议，应该尽快反映给值班经理及餐厅经理，以便能够及时采取改进措施。

（10）有些讯息是反映顾客的喜好的，例如对玩具，小礼物、食品口味的评价，这都对市场行销决策很有价值。应该记录内容及反应的频率，可提供给公司企划部。

2. 餐厅播音的注意事项。

注意：营业时的音乐播放及播音是为了顾客，而不是为了给自己听。正确的运用，会使得顾客的用餐经验更愉快。

运用的注意事项有下列几项：

（1）音乐的选择应该配合营运的状况。

营运高峰时：轻快，欢乐，避免缓慢或喧闹亢奋。

一般营运时：轻松，典雅，避免高昂或悲情。

适时配合节令播放受欢迎的相关音乐。

（2）活动宣传避免令顾客感到受干扰。

①播音的声调，要事前练习，务必亲切有礼，令人听了舒适。

②播音词应该事前写好并由经理负责审阅。

③停电、停水等临时性营运状况播音稿，应平时便编写完成，置于播音台附近。

④控制音量，避免忽大忽小。

⑤音量调节或试播应放在非营运时间。

适当的音乐效果，可以加强顾客用餐的好经验，值得细心规划。

3. 小礼物与促销品。

在接待员工作介绍中，你已经学习过小礼物对我们的重要性以及在送小礼物时的技巧。技巧是要经过不断地练习后才能熟练的，并要努力使之成为工作中与人应对的好习惯

在餐厅里有很多不同种类的小礼物，应该如何运用，如何管理呢？这就需要与辅导人好好谈谈，她是如何规划管理的。在此有几项注意事项：

（1）库存的小礼物应该集中摆放位置，并且定时盘点。

（2）在柜台区应该设定固定位置放置 20～30 个小礼物，以便经理人员或服务员在顾客前来索取时，可以及时提供。

（3）有新的小礼物或促销品，应该用适当的方法，例如海报，面对面说明，向所有员工介绍，这会加强伙伴们对顾客服务的参与热情。

（4）要适时调整展示柜的布置，使小礼物或促销品更吸引人。

你应该如何执行，协助这部分的工作，这也需要与辅导人沟通，以便明白他对你在这项工作上的执行期望是什么。

4. 值班经理的好帮手。

你的工作是由LSM经理直接安排的，餐厅的总负责人是餐厅经理，但是他们无法随时都在餐厅，所以我们工作管理的特色之一，便是“值班经理责任制”每一个营运时段都会设定一名值班经理统筹现场，他要协调所有上班员工，控制物料、设备，使营运稳定，他对餐厅整体呈现在顾客眼前的服务水准负责。因此，每一位上班的员工都应该配合值班经理的工作安排，团队合作。

所以只要一上班，你便应该与值班经理保持联络。这包括在服务区接待顾客、整理展示柜、主持活动，也包括你需要离开现场处理一些行政的工作等等。在事前，与事后都应该主动沟通、征询或报告，使值班经理了解你在做什么，及他可以如何支援你。

而同时，因为你最接近顾客，所以你应该及时反应顾客状况使值班经理能及时调整，争取最佳营运表现。

5. 认识小工具。

每家餐厅都有数位接待员，为了使这个团队合作顺利，除了面对面良好的沟通外，还需要依赖一些沟通工具，例如：接待员工作交接本；餐厅活动预定本；播报广播稿；意见调查表；小礼物；美工用具等等。

四、接待员工作内容简介

1. 当班时确保恰当的言行举止和仪容仪表，圆满完成日常楼面工作。

（1）良好的仪容仪表，保持微笑并使用普通话。

（2）每15分钟进行一次巡视和播音，主动为顾客提供帮助。

（3）按标准完成顾客沟通、顾客意见卡、店内参观的目标，了解顾客意见或建议，成为顾客与管理组的纽带。

（4）擦拭并保持花草、儿童车的清洁，确保POP的正确，为顾客提供清洁、美观、温馨的就餐环境。

（5）主动招呼餐厅的每一位小朋友，确保他们都能够得到一份小礼物，并积极发展他们加入小会员俱乐部。

（6）活跃餐厅气氛，带领餐厅小朋友做一些适当的小活动，并细心照顾游乐区小朋友的安全。

2. 独立组织餐厅基本的LSM活动，如“主题餐会、家庭生日会、Funday”等。

（1）完成餐厅销售目标。

（2）活动前进行充分的策划和准备。

（3）活动中带动气氛，做一些适合小朋友的活动。

（4）活动结束后及时清理场地，完成纪录与总结。

3. 在餐厅企划经理进行社区活动。

（1）按计划完成走访目标及纪录。

（2）向餐厅推广代表或 LSM 经理及时反馈信息。

4. 及时把有关餐厅服务及促销的信息反馈给管理组或餐厅推广代表。

（1）观察服务区员工的建议点膳是否符合促销要求。

（2）餐厅中是否有任何因素影响了良好的 QSC 水准。

5. 及时完成餐厅推广代表及 LSM 经理交办的其他工作。

五、接待员评估表

日期：	姓名：	餐厅名称：
评估人：		

项目	内容	执行状况	建议
行政作业	1. 查阅接待员交接班本、仓库盘点本并签字，填写每日待办单		
	2. 广播稿整齐有序，且经 LSM 经理审批签字		
	3. 接待员用品整齐且定位有序，能说出日常管理方法		
	4. 海报、横幅等标贴装饰物品清洁、无过期、损坏、卷边、翘角		
	5. 依市场政策进行适时广播		
	6. 接待员仪容整齐，干净，标准		
与顾客的沟通	7. 与小朋友交谈，介绍自己和生日餐会		
	8. 与顾客交谈，并指导顾客正确食用×××食品		
	9. 随时协助顾客		
协助营运工作	10. 时常进行大厅巡视		
	11. 确认照明系统工作正常		
	12. 花草摆放整齐，干净，无损坏；花盆内无杂物，污水		
	13. 儿童椅干净，摆放整齐无损坏		
	14. 生日餐会区，儿童游乐区干净		
	15. 温度，音乐合宜		

第十九章　训练系统

完善的训练系统是使餐厅营运顺畅的重要保障之一。在餐厅的营运中训练工作应是每时每刻都在进行的。公司训练系统的组织机构是由两部分组成的。一部分是公司的训练中心；另一部分是餐厅的训练组。只有这两个部分的工作紧密地配合起来，才能够使整个系统的作用发挥到极限，在帮助公司完善训练系统的同时，也将提高训练系统中每个人的训练技巧和工作能力、清楚了解你在训练系统中处在的位置，并将你的训练潜力发挥到最佳。

请记住：训练的目的是使工作的标准为了达到百分之百的统一。

一、训练的基本思想

（一）培训在餐厅的地位

1. 员工被录取进入餐厅前须培训：企业方针、精神、行为规范、餐厅介绍。

2. 员工上岗前须进行技术知识培训：如何制作公司和各种产品，相关行政知识的培训。

3. 新产品推出前需要培训。

4. 提高员工素质需要培训。

5. 员工的升迁、晋级前需要培训。

6. 各种职位的候补、顶替人员需要进行培训，作为储备干部。

（二）培训的目标：

1. 对员工进行方针政策规章制度的培训，使之掌握企业的共同语言和行为规范。

2. 通过技术和技能的培训，让员工尽早掌握工作要领、工作程序和方法，提高工作表现。

3. 通过培训使员工技能提高充实，具备多方面才干。

4. 通过培训减少工作失误，提高工作质量和效率。

5. 通过培训建立良好的工作环境和工作气氛，提高员工的工作满意度和成就感，增强凝聚力，稳定员工队伍，这也为激励员工提供了一个好的机会。

6. 通过培训使下属能准确地掌握和理解上司和企业的指示。

7. 通过培训使管理人员成为本企业的需要的职业经理。能更出色地管理餐厅，提高工作能力。

（三）训练的目的：提供杰出的品质、服务、清洁水准，获得令人鼓舞的营业收入增长和最佳利润。

（四）训练的结果：直接影响员工的表现和离职率。

（五）培训的原则：

1. 提纲挈领、重点突出、注意跟踪、重在实效。

2. 重要的问题不是我们给员工讲了什么，而是做了什么，做得怎么样。

（六）学习的原则：

1. 人第一次学的东西最牢。

2. 人学习新事物和已知的联系好。

3. 人需要反馈。

4. 人在有趣、刺激的环境中学得最好。

5. 人经由不同活动、新的事物可达到最好效率。

二、训练体系

工作要点一：建立训练网络。即：

店经理—训练经理—训练执行人—组长—训练员—员工

工作要点二：完善的各岗位训练内容与标准。

（一）训练经理

1. 富有经验：

有出色的楼面管理经验；具备领导才能和追踪技巧；能完成训练工作；可以追踪训练工作。

2. 有组织能力。

3. 是出色的沟通者。

4. 训练团队。例如：岗位标准给训练员；保证训练员工作能力；教训练员训练；会使用工具；召开会议；确保训练员正常工作；评估训练员工作；鉴定训练工作。

5. 与管理组合作。例如：安排管理组过站；出席会议；训练需求告之管理组；保持管理组与训练组沟通；确定训练需求；提出改进训练计划建议；向餐厅回馈管理组在训练工作中的表现；准备一份员工训练需求分析和预算表。

（二）执行人：了解训练需求，关心训练结果，保存员工训练记录，保证

训练资料完整，是管理组与训练部的中介人。

1. 工作职责：

A. 与管理组密切合作。

■ 协助保持员工和管理组之间的良好沟通。

■ 让训练经理了解餐厅的训练需求。

■ 如果训练或追踪工作出现问题，亮出红色警告。

B. 保持正确的员工记录。

■ 在训练和追踪工作中运用正确的 QSC。

■ 员工训练追踪系统。

■ 员工个人资料。

■ 检查训练资料是否齐全。

C. 员工铭牌识别系统。

D. 发现需要训练的员工。

E. 收集训练团队所需的资料（得到经理的批准）。资料要最新的，并定期更换。

F. 当训练经理不在时，负责员工的训练工作。

G. 协助训练经理对训练员进行训练。

H. 协助经理鉴定员工的训练成效。

I. 负责所有训练设备并使其运转正常。

J. 对训练员的选择和评估提供建议。

2. 特点：

A. 高效率。

B. 组织能力。

C. 有效的沟通者。

（三）训练员：高标准，有耐心，沟通良好。按照员工训练计划中的每一步骤，肩并肩地完成排定的员工训练，决定员工是否完成训练，与训练经理进行沟通。

1. 特点：

A. 有责任心，始终遵循餐厅的正确工作程序，有较高的个人素质。我们希望训练员树立一个良好的、积极的工作气氛，使员工在他们的感召下，形成良好的工作习惯和积极的工作态度。

B. 了解新员工需要知道的标准，并且能与之进行良好的沟通。

C. 员工中的领导者。

D. 有能力提高餐厅的工作标准。

2. 工作职责：

A. 在工作时经常表现出很高的水平。

B. 有效地训练员工。

C. 完成所有分配的职责。

D. 员工训练计划中的每一步骤，肩并肩地完成排定的员工训练。

E. 决定员工是否完成了训练，是否做好了接受鉴定的准备工作，是否需要得到更多的训练时间。

F. 针对以上情况与训练经理进行沟通。

3. 训练员评估：

A. 训练员是否

■ 让员工在轻松的心境下接受训练。

■ 清楚地解释每个工作步骤。

■ 示范传授的内容。

■ 清楚地解释每个步骤的原因。

■ 对问题的答复完整。

■ 鼓励员工提问并让他们试做。

■ 自信并有较高的工作热情。

■ 及时修正错误，强调标准。

■ 因材施教。

■ 具备良好的组织能力。

B. 员工的工作表现是否：

■ 遗漏了岗位数字和岗位程序方面的知识。

■ 熟悉该工作岗位上所需的工具、器皿和物料。

■ 按照正确的顺序完成每项工作。

■ 工作时感到轻松。

（四）餐厅经理对训练经理工作的监督职责：

A. 评估、审核训练经理制定的当月训练组目标。（工时费用是否合理，时间安排是否合理）。

B. 监督每月的训练组目标执行过程。

C. 鉴定每月训练目标的完成情况。

D. 监督餐厅训练员候选人的选拔工作与公司训练中心共同决定是否可以升迁。

（五）公司训练中心的工作职责：

A. 不断完善和更新公司训练手册和管理手册的内容。

B. 保持公司训练系统的完整性。

C. 了解营运部下属餐厅对训练中心的需求，根据需求制订工作计划。

D. 帮助解决餐厅训练组在训练工作中提出的问题。

E. 考核餐厅训练员候选人的训练能力，与餐厅经理共同决定是否升迁。

F. 定期考核餐厅训练组人员工作标准和资料的完整。

G. 定期考核餐厅训练组月目标和完成的情况。

H. 定期检查餐厅训练组中各层人员学习管理手册的进度。

I. 按照餐厅培训结构表中的时间鉴定各层人员管理手册的完成情况。

J. 修订新产品的操作标准，追踪餐厅新产品操作的训练工作。

三、训练员的培训

（一）管理新观念：

1. 尽可能把命令和安置工作看成是对部下的培训，不是劳动而是上课。

2. 把公司的面孔变成老师的笑容，换来的是下级的尊敬和感激。

3. 老师如果还能变成教练，下级就会邀你一起去领奖杯。

（二）有效培训的特点：

1. 培训大纲和培训教案。

2. 培训前准备。

教室的准备（干净、明亮、整齐）。

座位安排：（便于学员与讲师交流）。

教具的准备：（视听教具良好状态，笔）。

问题准备；（学生可能提的问题、讲师的提问）。

教材的准备：（事先印好、装订好）。

心态准备：（提前使自己冷静下来、准备好开场白）。

3. 建立自信心：

仪表要整洁。

声音要洪亮，语言要清晰。

对学员负责，对培训负责。

不要显得慌张，要驾驭整个培训的过程。

节奏不要快。

把自己的专业水平、素质作为课堂的控制手段。

4. 鼓励学员参与：

学员的参与是学习的关键。

给学员时间演练或操作，引起学习的兴趣。

鼓励学员提问，并对答案给予适当的肯定（这个问题提的角度新颖，这是一个好的想法）。

创造一种自由提问或回答问题的气氛（避免学员感到尴尬、被哄笑）。

5. 控制：

培训师要控制课堂程序。

不要让一两个人垄断课堂（谢谢王先生的想法，我想听听李先生的想法）。

提问题的时间尽量不要影响整个课程的进展。

保证完成课堂教学任务、计划。

6. 给予反馈：

给学员的反馈。

尤其技巧培训课中，要让学员了解到他完成的程度。

指出能完善操作的关键。

7. 总结：

将课堂所讲的内容，综合归纳成重点，便于学员记忆。

指出对学员在今后工作中如何有效地使用知识、技巧的期望。

（三）如何做培训展示：

1. 仪表整洁。

2. 自信心。

3. 目光交流。

4. 微笑。

5. 音量。

6. 节奏感。

7. 与听众的融洽气氛。

8. 时间控制。

9. 内容的组织。

10. 整体形象。

（四）如何进行知识培训

1. 介绍题目：

■ 参照有关标准。

■ 了解学员对此题目的了解程度。

■ 此课与学员切身利益的联系。

■ 事先通知要考试。

■ 介绍讲解专业名词。

2. 内容讲解：

■ 要点不要超过五个。

■ 逻辑性。

■ 按步骤讲。

■ 使用视听教具。

3. 内容理解：

■ 学员提问。

■ 教师提问。

■ 解决重点问题。

4. 总结：

■ 重点要点。

■ 补充某些新内容。

■ 发教材或参考资料。

5. 考试：

■ 只考所讲的要点。

■ 考的面要广。

■ 口试或笔试。

6. 通知下堂课的内容：

■ 留作业。

■ 为下节课作准备。

（五）如何进行技能的培训：

1. 准备：

■ 复习操作程序。

■ 准备有关工具、资料。

■ 简介该工作站。

■ 检查设备完好、原辅料充足。

■ 创造一个轻松的气氛（说笑话、拉家常）。

2. 介绍：

■ 题目。

■ 题目与个人利益的联系。

■ 讲解有关专业名词。

3. 展示：

■ 按标准步骤展示（高标准）。

■ 边展示边讲解（清楚）。

■ 关键步骤要慢（并解释其原因）。

■ 强调消毒与安全程序。

4. 试作：

■ 让学员操作所有的程序。

■ 让学员解释动作及原因。

■ 有耐心地教导学员。

■ 赞美学员正确的操作程序，并鼓励学员树立信心。

■ 立刻纠正错误。

■ 依据需要再次示范特定的程序。

■ 观察是否遵循所有的安全和消毒程序。

■ 一直陪着学员，直到他能在没有监督的情况下操作该程序。

5. 评估：

■ 学员自己先评估。

■ 伙伴依次评估。

■ 训导师评估。

■ 评估以积极性肯定意见开始。

■ 建议性意见要有限。

6. 总结：

■ 重复要点。

■ 补充新内容。

■ 告诉学员下一课内容。

附件：餐厅工作理论培训资料选

1. 公司创立时间与简介。

2. 基本工作职责：准备餐饮，服务顾客，确保餐厅安全，以及执行一切必需的清洁与维护，以维护高度的卫生水准，使每位光临的顾客都有一个愉快的快餐经历。(据公司实际定，此为案例。)

3. 服务组定义：见习员；服务员；训练员；员工组长。

4. 管理组：餐厅店长，餐厅管理干部。

5. QSCV：品质—Quality、服务—Service、清洁—Cleanliness、价值—Value

6. TCL：tender—小心　care—关心　love—爱心

7. 工作站的 3C 原则：沟通—communication　协调—coordination　合作—cooperation

8. 工作站三要素：人（人员）、机（机器设备）、物（物料）。

9. S O C：单项工作检查表/单项操作细则标准。

10. S O P：单项操作标准流程。

11. F I F O：先进先出。F I F O 方式是：先零散后整包；从上到下；从左到右；从前到后。

12. 少量多制：少制作点多制作几次。

13. 应产率含义：以定量的半成品，完成应用的成品数量。

14. 员工仪容仪表应注意哪几方面：

①标准的制服，干净且平整，帽子佩戴整齐。

②名牌佩戴于左边 LOGO 上方 0.5cm 处，并清晰完好。

③穿着干净的包脚低跟，小于 3cm，黑色的皮鞋，包住脚面 3/4，且穿着深色的袜子，女生穿肉色袜子。

④头发清洁整齐，不遮住额头，且高于衣领及耳朵，女生要求将头发扎好后从帽子的后开口处将辫子裹入带网套的发卡内 。

⑤手指甲修剪整齐、清洁，不露白，且不涂指甲油。

⑥不可戴假睫毛和假指甲，以及手机手表、项链、吊坠耳环和戒指。

⑦男生胡须刮干净，女生可施淡妆，必须涂浅红色口红。

⑧遇见顾客进门时必须面带微笑（露 6 ~ 8 颗牙齿）。

⑨清洁：清除所能看得见的灰尘及脏东西。

15. 卫生消毒：去除有害的会引起疾病的有机物。

16. 清洁消毒六步骤：

（1）清水冲洗。

（2）清洁液清洗。

（3）清水冲净。

（4）消毒水浸泡消毒。

（5）清水冲洗。

（6）自然风干。

17. 洗手消毒步骤：

（1）用水将手至肘部 2/3 处冲湿。

（2）取洗手液，双手交叉搓洗，用小牙刷刷净指甲。

（3）用清水冲洗，冲净洗手液（包括手部，肘部，指甲刷），并将指甲刷放入消毒水中浸泡。

（4）将冲洗后的手部，肘部用烘手机干燥 。

（5）将手至肘部 2/3 浸泡在 1∶10 的消毒水中 30 秒。

（6）用清水将手部，肘部，指甲刷冲洗彻底，指甲刷挂起。

(7) 用烘手机将双手干燥。

18. 餐厅所染病毒90%是由不正当的洗手消毒引起的。

19. 随手清洁：做完任何一件事，必须把使用过的工具和工作台面的清洁干净，即（器具归位）。

20. 导致细菌滋长的四个因素：①时间 ②食物 ③湿度 ④温度

21. 1磅（LBS）=16盎司（OZ）=454克（g）。

1盎司（OZ）=28.35克（g）。

1千克（公斤kg）=2.2磅（LBS）。

1加仑（gal）=3.785升（L）。

1夸特（QT）=0.946升（L）。

1夸特（QT）=0.25加仑（gal）。

0℃=32℉，温度：℉=9/5℃+32。

22. 重量与体积换算（仅限于水的换算）：1公斤=1升=1000毫升=1000克。

23. 冷冻库：-24至-18℃；冷藏库：0~5℃（32℉~41℉）；常温：20℃~25℃。

24. 夏季室内最佳温度23℃~28℃；冬季室内最佳温度18℃~25℃。

25. 清洁器具：将用过的所有器具用水清洗干净；将清洗干净的器具放回原处；

26. 清洁操作台：清理操作台和工作站残存之废料。污物至垃圾桶内；用干净抹布将操作台擦拭干净；

27. 餐厅抹布的区分：

大厅（OCU）：黄色+红色抹布。

前线（SRV）：红色抹布。

内场（CK/H/PVT）：蓝色抹布。

28. 餐厅拖布的区分：

收银专用拖布，内场专用拖布，外场专用拖布，厕所专用拖布，干拖布。

29. 最好的顾客满意：满足100%的顾客，包括那些光临餐厅后不满意的顾客。一个顾客感到满意，会告诉4~5个人；感到不满意，会告诉9~10个人。

30. 某餐厅七大信念：

①超越顾客需求，提高重复消费。

②追求互惠双赢，创造共同成长。

③经营以人为本，重视人才培养。

④尊重文化差异，发挥团队精神。

⑤首重品德操守，为人真诚正直。

⑥摒弃官僚奉承，勇于负责担当。

⑦思考合乎逻辑，沟通客观有理。

31. 烫伤处理：

冲——将烫伤部位用冷水冲洗 2~3 分钟。

脱——用剪刀将烫伤部位衣服剪开。

泡——将烫伤处处置于冷水中浸泡。

盖——用干净的毛巾覆盖在伤口上。

送——及时送至医院作进一步治疗。

32. 良好的人际关系技巧：

问候对方；称呼对方的名字；目光的接触；要求他人做事时不要用命令的口气；己所不欲，勿施于人；常说“请”和“谢谢”；试着去想别人可能会有的感受。

33. 达到良好人际关系的五大金科玉律：

尊重他人；倾听他人意见；与员工谈话；让员工成长；激励士气。